本书系2023年度湖南省社科基金项目——基于国内外经验启示的湖南省特色学徒制数字化平台构建研究 (编号:23YBA334)成果

# 湖南省特色学徒制数字化平台构建与推广研究

许冬玲　李凯 ◎ 著



湘潭大学出版社
XIANGTAN UNIVERSITY PRESS

# 前言

在全球新一轮科技革命和产业变革加速推进的今天，数字化转型已成为推动教育变革和重塑教育生态的重要力量。面对这一历史性的机遇，如何在扎实推进中国式现代化的进程中，深入推进职业教育数字化转型，成为新时代我国职业教育改革发展的重要议题。湖南省特色学徒制数字化平台的构建与推广研究，正是在这一背景下的具有前瞻性和实践意义的探索。

本书旨在深入探讨湖南省特色学徒制数字化平台的构建与推广策略，以期为职业教育数字化转型提供新的思路。学徒制教育是职业教育的关键组成部分，对于推动职业教育高质量发展具有不可替代的作用。然而，在数字化时代，传统的学徒制教育显得力不从心。建设学徒制数字化平台，利用现代信息技术手段优化培训流程、提升用户体验，成为当前学徒制数字化转型的有效途径。

本书充分借鉴国内外学徒制数字化平台建设的成功经验和做法，结合湖南省的实际情况，构建了一个具有现实指导意义的理论框架和实践指南。本书深入分析了湖南省特色学徒制数字化平台构建的背景、意义和目标，探讨了平台构建的关键要素和核心功能，包括促进校企合作与产教融合、加强政策引导与支持、注重可拓展性、优化系统架构设计等。同时，对平台的推广策略进行了详细阐述，包括通过多种渠道和方式进行宣传与推广、建立用户服务体系和运维团队、加强与政府和企业等各方面的合作与交流等。

本书不仅关注平台的技术实现和功能设计，更强调平台在推动职业教育数字化转型、促进校企合作与产教融合、提升学徒职业素养和就业竞争力等方面的重要作用。本书旨在为湖南省特色学徒制数字化平台的构建与推广提供有力的理论支撑和实践指导，同时为其他地区的职业教育数字化转型提供有益的借鉴和参考。

在未来的发展中，湖南省特色学徒制数字化平台将继续秉承创新、开放、共享的理念，不断完善功能模块设计，提升平台的智能化水平与服务能力。我们期待与社会各界携手共进，共同推动湖南省特色学徒制教育体系的创新发展，为培养更多高素质技术技能人才、服务地方经济社会发展作出更大的贡献。

本书由许冬玲和李凯合著，全书共计20.6万字。许冬玲负责第三章至第六章的撰写（合计15万字），李凯负责绪论、第一章和第二章的撰写(合计5.6万字)。全书由许冬玲确定大纲、统稿和修改，李凯协助统稿和修改。

本书撰写过程中参考了大量文献，在此对文献作者表示衷心感谢！

由于作者水平有限，书中难免存在一些疏漏、不当之处，希望广大读者和专家学者不吝指正，以便日后进行修改与完善。

作者

2025年2月

# 目 录

# 绪 论

当前,全球新一轮科技革命和产业变革正在加速推进。在经济发展和科技进步的驱动下,数字化转型正在对人类的生产、生活和思维方式产生重大变革,并以创新融合的方式推动教育变革和重塑教育生态。数字化转型是世界范围内教育转型的重要方向。面对教育数字化发展的新形势,如何在扎实推进中国式现代化进程中深入推进职业教育数字化转型成为新时代我国职业教育改革发展的重要议题。

学徒制在职业教育改革中发挥着不可替代的作用,是推动职业教育高质量发展的关键举措之一,建设学徒制数字化平台是当前学徒制数字化转型的有效途径。目前,国内外已有一些学徒制数字平台研究,取得了一些成果,但也面临着一些挑战。第一,政策与法规支持不足,相关法律法规细化程度不够、操作性不强,难以有效保障数字化平台的顺利构建与运行。第二,利益协调机制不完善,由于涉及政府、企业、学校等多方利益主体,如何协调各方利益,确保数字化平台建设的顺利进行是一大挑战。第三,技术与资源投入有限,数字化平台的建设需要先进的技术支持和充足的资源投入,长期稳定的技术资源支持是必须解决的现实问题。第四,平台功能与应用场景不明确,如何明确数字化平台的功能定位,以及如何在具体的应用场景中发挥其作用,也是构建数字化平台过程中需要解决的问题。可见,数字化平台建设仍面临技术、资源、政策、协调机制等方面的挑战,需持续优化和完善。

目前,湖南省缺乏规模较大、影响力较大、统一监管的特色学徒制平台,参考国内外学徒制平台建设典型案例经验,构建符合需求的特色学徒制数字化服务平台,形成“湖南经验”,意义重大。当然,平台的构建需要多方面配合,并解决多方面的问题。

## 一、研究背景

### (一)相关政策

国内外涉及学徒制数字化转型的政策文件较为丰富,这些文件从多个角度为学徒制的数字化发展提供了指导和支持。

#### 1.国际相关政策

国际劳工组织(International Labour Organization,ILO)发布《学徒制数字化转型》,对不同国家通过数字化转型全方位赋能高质量学徒制建设提出了新要求。

ILO发布的《学徒制数字化转型》指出,要通过专用平台在学徒计划中构建伙伴关系,多主体协同参与是学徒制的典型特征。同时,ILO建议,通过专用平台加强职业学校教师、企业培训师以及中介机构培训人员之间的交流与合作,通过数字教学空间建设,助力学徒将在企业真实工作场所中积累的经验用于学校环境中的反思,通过真实工作场所的具体案例帮助学徒理解理论知识之间的关系。

#### 2.国家相关政策

国家出台了与学徒制数字化转型相关的政策文件,这些文件从多个层面为学徒制的数字化发展指明了的方向。

2022年,中共中央办公厅、国务院办公厅联合印发《关于加强新时代高技能人才队伍建设的意见》,提出推动数字化平台在学徒制中的应用,利用现代技术手段提升学徒培训的效果和质量。这一要求体现了对学徒制数字化转型的重视,以适应新时代技能人才培养的需求。

2024年,人力资源社会保障部、中共中央组织部等九部门联合印发《加快数字人才培育支撑数字经济发展行动方案(2024—2026年)》,旨在加快推动形成新质生产力,发挥数字人才支撑数字经济的基础性作用,为高质量发展赋能蓄力。该方案提出了数字技术工程师培育项目等,旨在培养适应数字经济发展的高技能人才，其中涉及学徒制的数字化转型相关内容，强调通过学徒制培训方式、实训场地等数字化转型，加强产教融合，以适应数字经济对人才的需求。

### 3.湖南省相关政策

为响应国家学徒制数字化转型政策，湖南省出台了一些学徒制数字化转型的政策文件，引领湖南省学徒制数字化转型工作。

教育部与湖南省人民政府印发《关于进一步深化职业教育产教融合服务国家重要先进制造业高地建设的实施方案》（湘政函〔2023〕168号），明确提出，支持建立区域先进制造业技术技能人才供需信息数字化平台，提升专业与产业人才供需匹配度。这一举措标志着湖南省在推动建设产教融合智库和技能人才信息发布数字平台、助力国家重要先进制造业高地建设方面迈出了重要一步。

湖南省认真学习贯彻习近平总书记关于教育的重要论述和全国教育大会精神，深入落实《中国教育现代化2035》《教育信息化2.0行动计划》等要求。湖南省作为教育信息化2.0试点省，将教育数字化转型摆在了突出位置，出台了一系列政策文件，如《湖南省“互联网+教育”行动计划（2019—2022年）》，明确将教育数字化转型作为省、市、县三级“教育厅局长突破项目”。这些政策为湖南省特色学徒制数字化转型提供了坚实的制度保障和政策支持。

## （二）经济背景

湖南省特色学徒制数字化转型既体现了新时代经济发展的趋势，也彰显了湖南省在推动高质量发展中对技能人才培养的迫切需求。

### 1.数字经济发展带来的机会与挑战

目前，中国特色社会主义进入新时代，经济已从高速度增长逐步向高质量发展转型。数字经济作为一种能够引领未来成长的经济新模式，已然变成了推动经济和社会变革的一种重要动力。数字经济以数据资源作为核心组成要素，并以现代信息网络作为主要的运营载体，借助信息和通信技术的综合应用以及全要素数字化转型，实现公正与效率的统一，从而为推动经济高质量增长作出贡献。

基于当前的经济环境，湖南省积极响应国家政策号召，将数字经济视为促进其经济高速和高品质增长的核心动力。湖南省坚决遵循“三高四新”的战略方针，并在“十四五”规划中，科学确立数字新湖南发展目标，全方位推进经济社会数字化转型。湖南省的战略部署规划不仅符合新时代经济发展的趋势，同时为湖南省特色学徒制向数字化方向转型创造了广阔的发展空间和稳固的经济根基。

**2.学徒制数字化转型的必要性与迫切性**

随着职业教育数字化转型如火如荼地进行，学徒制作为培育市场技能人才的重要教育形式，其数字化转型势在必行。学徒制数字化转型不只是对传统的教学方式进行优化和提升，还代表了教育观念和教育手段的深度革新。此外，数字化转型能够助力教育的持续进步，通过更高效的资源分配提升教育质量，为经济和社会的持续发展提供更为稳固的人才支撑。企业、职业院校和培训机构等各方应利用数字技术开展深度合作，共同推动人才培育方式的数字化转型。

(1)适应产业转型升级的需求

随着科技的飞速发展和全球经济的深刻变革，产业结构不断升级，新兴产业和业态层出不穷。特别是随着数字经济、智能制造、大数据、人工智能等迅猛发展，对技能人才的需求发生了根本性变化。传统的学徒制虽然能够有效传承技艺，但面对这些新兴领域时显得力不从心，学徒制数字化转型成为必然选择，它能够使学徒掌握数字化技能，适应产业转型升级的需求，为经济社会发展提供有力的人才支撑。

(2)提升学徒的综合素质与竞争力

数字化转型不仅要求学徒掌握传统的技能，还要求他们具备信息技术、数据分析技术、创新思维等。学徒制数字化转型，能够创新融合先进的数字教学技术和工具,如虚拟现实(VR)、增强现实(AR)和在线学习平台等,不仅能使学徒掌握传统的技艺,还能为他们提供数字技能培训和提升的机会。学徒综合能力增强,有利于他们在将来的工作中展现出更大的竞争优势,更好地满足市场的需求。

(3)促进产教融合与校企合作

产教融合与校企合作是提升技能人才培养质量的重要途径。学徒制数字化转型为产教融合与校企合作创造了更为高效便捷的发展平台。借助数字化手段,学校与企业能够更为密切地合作,共同制定人才培养计划、开发教育教学资源、推进实训基地建设等。数字化转型能够促进校企深度合作与协同发展,对增强技能人才培训的针对性和实效性具有重要意义。随着数字化转型的推进,信息的交流和资源的共享变得更为畅通,为产教融合与校企合作创造了新动能。

(4)应对技能短缺与就业挑战

在全球化的背景下,技术变革日新月异,许多国家和地区面临着技能人才不足和就业困难两大挑战。学徒制数字化转型有助于解决这个难题。一方面,通过培育拥有数字技术的技能人才,能够有效满足新兴行业和业态模式对技能人才的迫切需求,解决数字技能人才不足的难题。另一方面,学徒制数字化转型不仅能够增强学徒的技能,还能帮助他们更好地适应市场的需求和变化,实现高质量的就业和创新创业。

(5)推动教育创新与可持续发展

数字经济时代,数字化转型是教育创新的必然选择。学徒制数字化转型不仅是对传统的教学方式进行优化和提升,还代表了教育观念和教育手段的深度革新。借助数字化的技术和方法,能够有效激发学生的学习热情和主动性,提高学习效果。此外,数字化转型有助于教育的持续进步,通过更高效的资源分配和提升教育品质,为经济和社会的持续发展提供更为稳固的人才支撑。

## 二、国内外研究进展

### (一)国外研究现状

#### 1.国外学术动态梳理

国外在学徒制数字化方面的研究起步较早,尤其是在数字化平台构建方面的研究取得了显著进展,很多学者提出了构建学徒制及职业教育线上平台的设想。

一是构建综合信息系统。构建综合信息系统,为个人、企业和教育机构提供大量优质服务资源。

二是建设职业服务中心平台。建设工具性网站,打造职业服务中心平台,服务于学徒制和职业教育发展。

三是建设技术教育机构网站。以职业标准、资格认证和学徒教育等内容构建模块,建设独立的网站。

#### 2.国外学徒制数字化转型的实践

国外在学徒制数字化转型的实践方面取得了显著进展,通过一系列创新项目,不仅提升了学徒的学习体验,还增强了职业教育与产业发展的紧密度。

(1)构建综合信息系统

国外学者和企业合作,构建了基于校企合作的综合信息系统,旨在为个人、企业和教育机构提供一个集信息发布、资源共享、在线学习、互动交流等功能于一体的平台。通过使用该平台,学徒可以获取最新的行业动态、企业需求信息以及个性化的学习资源。企业可以在该平台发布招聘信息,并参与到学徒的培养过程中。教育机构能够根据平台提供的市场需求和企业反馈,不断调整和优化课程设置及教学内容。

综合信息系统的主要特点:一是信息集成度高。集成了职业标准、资格认证、课程资料、企业案例等多种资源,为学徒提供了全面而丰富的学习素材。二是提供个性化的学习体验。根据学徒的学习进度和兴趣偏好,系统能够智能推荐相关的学习内容和资源,提升学习效率。三是互动交流便捷。系统支持在线问答、小组讨论、远程协作等功能,方便学徒之间以及学徒与企业、教师之间的沟通交流。

(2)建设职业服务中心平台

国外一些地区为了更好地服务于学徒制和职业教育的发展,纷纷尝试建设工具性网站,即职业服务中心平台。平台以用户需求为导向,提供全方位的服务,包括职业规划、就业指导、技能培训、政策咨询等。职业服务中心平台通过整合政府、企业、学校等多方资源,为学徒搭建起从学习到就业的桥梁。

职业服务中心平台的特点:一是一站式服务。该平台集职业生涯规划、技能培训、职业指导等多个功能模块于一体,用户在一个平台上就能完成全部相关操作。二是需求精准对接。平台通过大数据分析技术,将求职需求与企业的招聘需求进行精准匹配,提高了就业成功率。三是政策解读与咨询。该平台提供最新的政策解读与咨询服务,帮助学徒了解政策导向与行业动态,为今后的职业发展打好基础。

(3)建设技术教育机构网站

为了增强学徒教育的专业性和针对性,一些国外的技术教育机构建立了独立的网站,并在网站上构建了以职业标准、资格认证和学徒教育为主要内容的模块。这些模块大体分为培训计划模块、技能鉴定与考核模块和职业资格评价模块,不仅为学徒提供了明确的学习途径和职业发展方向,同时为企业提供了评估学徒能力和资质的依据。

技术教育机构网站的特点:一是采用了模块化的设计方法,将不同职业领域的学习材料、实践案例和资格认证要求等细分为多个独立的模块,以便用户能够根据自己的需求进行选择。二是职业标准清晰,每一个模块都明确列出了相应的职业标准和资格认证要求,以帮助学徒了解行业规范和职业发展路径。三是模块内含有丰富的实践案例和企业合作项目,为学徒提供了更多在实际操作中学习和掌握专业技能的实践机会。

## (二)国内研究现状

### 1.国内学术动态梳理

国内对于学徒制数字化方面的理论研究起步较晚,近几年,一些学者开始深入探索学徒制数字化转型。

一是学徒制人才培养方面,王英等(2023)、房西栓(2023)、傅玳(2023)、杨佳佳等(2023)、李兴鹏等(2023)提出,要深化产教融合,加强校企合作,完善联合育人模式,使行业、企业参与高职人才培养的全过程,提升育人成效,服务社会经济发展。

二是数字化人才培养方面,方芳(2023)、王凰娟等(2023)、张亚清(2023)、冯秀娟等(2022)认为,中国特色学徒制要加强培养数字化人才。

三是学徒制数字化转型方面,杨成明(2023)提出,通过职业教育与培训的数字化转型来实现产业劳动者技能更新和升级,继而打造面向数字时代的技能人才队伍,已成为众多国家把握数字化机遇、成为世界领先数字经济体的战略支撑。李鑫等(2023)认为,建设中国特色学徒制数字化平台,有助于提升公众对中国特色学徒制的认知度,增强数字资源的聚合度,促进学徒制治理模式现代化。

### 2.国内学徒制数字化转型的实践

国内关于学徒制数字化的具体实践近年来取得了显著进展,这些项目通过创新教育模式、深化校企合作、引入先进技术等手段,推动了职业教育与数字化技术的深度融合。

(1)行知学徒网

山东星科智能科技股份有限公司开发的“行知学徒网”是专注于职业教育的学习交流平台,致力于通过“互联网+现代学徒制”的模式,打造一个开放式、共享型、全民参与型的在线学习乐园,以实现技能的传承与提升。“行知学徒网”通过丰富的课程资源、广泛的师傅资源、完善的师徒体系和激励机制等特色功能,为用户提供了一个便捷、高效、互动性强的在线教育学习交流平台。机构学员、企业工作者、社会从业人员等都能通过“行知学徒网”找到适合自己的学习资源,从而实现技能的提升和职业的发展。

(2)源码时代与40家企业的新型学徒制项目

源码时代通过紧密的产教融合,加大力度培养适应未来市场需求的高素质IT人才,携手40家数字化企业共同签署了新型学徒制战略合作协议。通过有效的合作,该项目将共同培养数字化人才。一是联合开发课程,保证教学内容与企业的实际需要同步。二是提供实习实训,以实战经验指导学员在完成基础课程学习、巩固和提升理论知识后,直接参与项目开发和运营,并进入企业实习。三是产业导师辅导,派出经验丰富的企业导师,一对一地对学员进行辅导,帮助学员更快适应职场环境。

(3)七造教育与重庆建筑工程职业学院的“数字空间设计集训营”

七造教育与重庆建筑工程职业学院合作开展“数字空间设计集训营”项目,针对建筑行业对数字化设计人才的需求,通过真实的项目案例和模拟的工作环境,提升学生的数字化技能和职业素养。双方的合作内容包括:一是模拟岗位工作,让学员熟悉设计师助理岗位工作流程,并通过模拟设计院工作流程,缩短岗位适应周期;二是强化训练与岗前培训两大模块,以强化培训促进技能提升,以岗前培训提高职业素养和岗位适应能力。

### (三)国内外研究评述

#### 1.文献研究述评

国外相关研究较为丰富,但也存在不足。

首先,在研究深度上,现有研究主要集中在学徒制数字化理念和数字化人才培养路径方面,少有专门的学徒制数字化平台研究。

其次,在研究层面上,现有研究的思路观点和建设标准趋同率高,没有细化分析影响学徒制数字化转型的因素,并基于学徒制数字化转型的影响因素形成可操作的数字化建设标准和实施途径。

最后，在研究方法上，理论研究和逻辑分析居多，实证研究和比较研究较少，缺乏特色。

**2.具体实践述评**

随着数字技术的飞速进步，无论是国内还是国外，学徒制数字化转型都展现出巨大的发展潜力，能够为学徒创造更为高效、便捷的学习环境。与国外相比，我国在学徒制数字化转型和平台建设方面仍存在明显短板。

首先，基础薄弱。我国学徒制数字化平台建设仍然处于起步阶段，缺乏成熟的技术和实践经验，使得平台在功能和稳定性方面相对不足。

其次，政府的政策扶持不够。当前，我国在支持学徒制数字化平台建设方面的政策尚显不足，缺少明确的法律法规和具体的政策措施来保障平台健康稳定地发展。

再次，合作的深度不够。学校与企业之间的合作不够深入，以及合作机制不完善，导致在平台建设阶段出现信息孤立、资源浪费以及合作效果不佳等问题。

最后，内容质量参差不齐。由于平台建设过程中缺少统一的标准和规范，导致平台内容质量参差不齐，很难满足学徒的个性化需求。

综合来看，国内学徒制数字化平台建设在潜在能力、个性化特点和资源共享上展现出明显的优势，但在基本设施、政策制定、合作伙伴关系以及内容质量方面还有待进一步加强。随着技术的进步和国际交流的加强，国内外学徒制数字化平台建设有望实现优势互补和共同发展。

## 三、研究目的与意义

### （一）研究目的

基于国内外项目经验启示，科学总结学徒制数字化平台建设经验，设计功能齐全、兼具公益与盈利、突出中国特色与个性化服务的学徒制服务平台,形成"湖南经验"并全面推广,为湖南省教育数字化转型助力。研究旨在提供一种新型的人才培养模式,通过数字化手段,整合教育资源,提供实践机会,以适应新时代的社会需求。

**1.推动湖南省学徒制教育创新发展**

结合湖南省的经济结构、产业特色和人才需求,构建具有地方特色的学徒制数字化平台,以满足地方经济发展对高素质技能人才的需求。同时,通过数字化平台的构建,推动学徒制教育模式从传统的师徒传授向现代化、信息化、智能化的方向转型升级,以提高教育质量和效率。

**2.优化教育资源配置与共享**

通过充分利用数字化平台,将学校、企业和社会等多方面的教育资源进行整合,实现对教育资源的优化配置和高效使用,减少浪费。平台建设的目的是打破地域、学校和企业之间的障碍,实现教育资源的广泛共享,为学徒创造更多的学习机会。

**3.提升学徒的学习体验与效果**

数字化平台注重根据学徒的个人差异和学习需求,提供个性化的学习资源和课程,以增强学习的针对性和有效性,从而提高学徒的满意度和学习效果。此外,平台建设应着重加强学习互动与反馈。例如,支持实时互动和反馈机制,使学徒能够及时获得学习指导和帮助,提高学习效果和满意度。

**4.促进校企合作与产教融合**

深化校企合作,通过建立数字化平台,推动双方在人才培养方案制定、课程资源开发以及教学实习组织方面的合作,实现教育与产业的深度结合。平台的构建有助于将企业的实际需求融入教学,使学徒在学习过程中体验真实的职业环境和工作任务,从而提升职业素养和就业竞争力。

**5.加强政策引导与支持**

研究国内外学徒制数字化平台建设的成功经验和做法,为湖南省制定相关政策提供参考依据。本研究试图构建一个具有现实指导意义的理论框架和操作性强的实践指南，并通过研究成果的展示和推广，推动学徒制数字化平台的可持续发展。

### (二)研究意义

#### 1.提升职业教育的教学质量

通过数字化平台建设，可以整合优质教育资源，提供丰富的学习资料和教学材料，使教学更加生动形象，从而提升学生的学习兴趣和效率。同时，数字化平台还能够提供在线互动和远程教学的功能，使学习不再受地域限制，能够扩大教育的覆盖范围，提高职业教育的教学质量。

#### 2.提升校企合作的深度

通过数字化平台建设，学校与企业能够更有效地进行信息交流和资源共享，联合开发课程和教材，确保教学内容与市场需求紧密相连。这种合作模式有助于提升学生的实践能力和职业技能，增强学生的就业竞争力。

#### 3.推动职业教育管理的现代化

通过数字化平台建设，可以实现对教学过程的全面监控和管理，包括学生管理、教师管理、课程管理等，从而提高职业教育的管理效率和质量，为职业教育管理的现代化提供有力保障。

#### 4.促进职业教育与经济社会发展的深度融合

通过数字化平台建设，可以更好地了解市场需求，调整专业设置和课程内容，确保职业教育与地方产业发展需求相匹配，为地方经济发展提供有力的人才支持。

# 第一章　中国特色学徒制及数字化转型概述

中国特色学徒制是我国培养技术技能人才和建设技能型社会的基础，是世界职业教育人才培养模式的重要组成部分，是对现代学徒制和企业新型学徒制的创新和超越。本章从多个维度对中国特色学徒制进行深入介绍，以期为中国特色学徒制数字化发展提供理论参考与实践指导。

## 第一节　中国特色学徒制的内涵

2022年4月20日，《中华人民共和国职业教育法》修订通过并正式公布，明确提出“国家推行中国特色学徒制”，学徒制至此上升为国家层面的制度并以法律形式得以确立。学徒制是通过学校、企业深度合作，教师、师傅联合传授，对学生以技能培养为主的人才培养模式，旨在深化产教融合、校企合作，进一步完善校企合作育人机制。中国特色学徒制是对现有学徒制的继承和发展，是对西方现代学徒制的借鉴和改造，是对当前发展格局和技能型社会建设的呼应。

### 一、中国特色学徒制的核心定位与目标

中国特色学徒制旨在助力劳动者尤其是青年从在校学习顺利过渡到就业，实现岗位成才，主要针对与企业签订一年以上劳动合同的技能岗位新招用和转岗等人员，通过企校合作、工学交替等模式，共同培养具备高技能和高职业素养的学徒。这一目标定位体现了中国特色学徒制在促进就业、服务产业发展方面的积极作用。

### 二、中国特色学徒制的主要特点

中国特色学徒制的首要特点是校企合作，强调企业与技工院校、职业院

校、职业培训机构、企业培训中心等教育培训机构深度合作，通过校企合作模式，共同制定培养计划、开发课程资源、实施教学过程，确保学徒能够掌握实际工作所需的知识和技能。

同时，中国特色学徒制注重工学交替，在培养学徒的过程中，不仅要在学校教授理论知识，还要指导学徒在企业进行实践操作和岗位锻炼。这种工学交替的方式有助于学徒将理论知识与实践操作紧密结合，提高学习效果和职业素养。

从合作模式来看，中国特色学徒制突出政府、行业、企业和学校多元主体协同育人，通过多元育人，能够全面提升学徒的综合素质和职业能力。

## 三、中国特色学徒制的时代意义

在新时代背景下，随着全球经济一体化的深入发展和我国产业结构的不断升级，职业教育的重要性日益凸显。中国特色学徒制作为一种融合了传统学徒制精髓与现代职业教育理念的新型人才培养模式，正逐步成为我国职业教育改革的重要方向，并彰显时代意义。

### （一）适应经济转型与产业升级的需求

当前，我国正处于经济转型和产业升级的关键时期。随着“中国制造2025”战略的深入实施，以及新一代信息技术、人工智能、新材料等战略性新兴产业的快速发展，我国对高素质技术技能人才的需求急剧增加。然而，长期以来，我国职业教育与产业需求之间存在脱节现象，导致人才供给与市场需求不匹配。中国特色学徒制的实施，通过校企深度合作、工学交替、岗位成才等模式，实现了人才培养与产业需求的无缝对接，为经济转型和产业升级提供了有力的人才支撑。

### （二）深化产教融合与校企合作

产教融合与校企合作，相辅相成，密不可分，是现代职业教育发展的必然选择。与现代学徒制和新型企业学徒制相比，中国特色学徒制更加强调学校与企业之间的深度合作，共同主导人才培养过程，并制定规范化的课程标准和考核方案。这样的教学模式不仅能够帮助学校更好地理解企业的真实需求，调整课程内容和教学方法，从而提升教学效果；还有助于企业更早地参与到人才的培养过程中，挑选出与其需求相匹配的高质量技术技能人才。中国特色学徒制通过深化产教融合和校企合作，成功地实现了教育资源与产业资源的优化配置。

## （三）提升职业教育质量与人才培养质量

职业教育质量是职业教育发展的生命线。推行中国特色学徒制有利于提高职业教育质量和人才培养质量。一方面，通过引入企业实际工作环境及项目，使学生在做中学，学中练，切实提升学生的实践能力及职业素养；另一方面，通过建立校企双导师制度，实现理论知识与实践技能的双重传授，保证人才培养的全面性和系统性。中国特色学徒制重视培养学生的职业发展规划与终身学习能力，有助于为学生未来职业发展奠定坚实基础。

## （四）推动就业与创业

就业是民生之本，收入是民生之源，社保是民生之基。大学生作为国家未来建设与发展的重要力量，其就业率直接影响着整个社会的稳定与和谐。实行中国特色学徒制，为解决年轻人的就业难题开辟了新的路径。中国特色学徒制强调对学生实践技能和创新思维的培养，确保学生在学习期间就能接触到实际的工作环境和技术标准，有助于增强学生的就业竞争力，使他们在毕业后能够迅速适应工作岗位。通过实行“订单式”人才培养模式，将传统的以教师为主的课堂教学转变为由企业导师负责的理论与实践相结合的教学形式。此外，通过学校与企业的联合招生和培训，学生在毕业后可以直接进入企业工作，实现了从学校到工作场所的无缝衔接。学徒制强调对学生创新思维和创业技能的培育，为他们未来的创业打下坚实的基础。中国特色学徒制有助于缓解企业面临的“用工荒”问题，为企业输送了大批高素质的技术技能人才，推动了企业的持续发展。

### （五）增强职业教育社会认可度与吸引力

长期以来，社会对职业教育的认可度一直不高，学生和家长选择职业教育的意愿相对较弱。随着我国经济的发展以及国家对职业教育的重视，职业教育受到越来越多的关注。中国特色学徒制的推行，凭借其独有的人才培养策略和明显的教育效果，逐渐转变了社会对于职业教育的传统看法。作为一种新型的培养方式，它有效地解决了当前职业教育存在的问题，受到越来越多学校和学生家长的青睐。一方面，通过与企业进行深度合作，使学生在学习过程中能够接触到最先进的技术和设备，从而提升了职业教育的价值和吸引力。另一方面，将“工学结合”的教学模式融入专业建设，有效提升了教学质量，通过确保课程内容与职业标准紧密结合、教学流程与生产流程紧密结合，有效增强了职业教育的针对性和实效性，获得了社会各领域的广泛认可。

### （六）弘扬工匠精神与职业文化

中国特色学徒制强调导师的传授和指导作用，侧重培养学徒的工匠精神和职业文化。首先，中国特色学徒制将学徒培训与学校教育深入融合，通过企业与职业院校之间的紧密合作，推动校企 “双主体”人才培养模式。在“双主体”人才培养模式下，学徒不仅可以在校内习得理论知识，还可以通过企业实践掌握技能，深化对工匠精神内涵的理解。其次，在实习过程中，学徒将对企业的文化、行为准则等形成科学认知，加强对职业文化的认同感，更积极地传承工匠精神。最后，中国特色学徒制鼓励学徒积极探索、创新方法，创新意识与能力的培养是促进产业升级和科技进步的主要动力。

### （七）服务国际交流与合作

在当今全球化发展的趋势下，跨国交流与合作已成为职业教育发展的必然趋势。中国特色学徒制的实施，有助于提升我国职业教育的国际竞争力，促进国际教育协作。一方面，引入国外先进职业教育理念及模式，学习国外学徒培训的成功案例,逐步完善和优化中国特色学徒培训体系。另一方面,通过引入外部资源和走向国际市场的双向交流,培养具备国际观念和跨文化交流技能的技术人才,为支持国际产业合作和“一带一路”倡议等国家战略提供服务。

## 第二节 中国特色学徒制的现实困境

中国特色学徒制作为提升技术技能人才培养质量、推动职业教育发展的重要模式,在国家政策的推动下取得了显著进展。然而,中国特色学徒制在其实施过程中,仍面临诸多现实困境。

### 一、国家顶层制度设计的不完善导致现代学徒制的规范性较差

#### (一)权益保障缺失

在我国现有的法律体系中,关于现代学徒制的法律地位、学徒的合法身份与基本权益等重要事项缺乏明确规定。由于法律地位不明确,导致在实施现代学徒制的过程中,学徒的权益难以得到有效保障。此外,相关法律条款的缺失,导致校企双方在合作过程中的责任、权利和义务不明确,在学徒培养过程中容易引发纠纷和争议。

国家立法机构应加快制定或修订相关法律法规,明确现代学徒制的法律地位、学徒的合法身份与权益保障等事项。在法律法规中明确规定校企双方在合作过程中的责任、权利和义务,确保双方能够按照既定规则开展合作,从而为现代学徒制提供坚实的法律基础。

#### (二)管理制度缺失

现代学徒制在实施过程中,关于招生与培养的制度不健全,缺乏允许高职院校直接从企业在职员工中招生的相关制度,以及校企双方共同构建和实施学徒培养方案的指导性意见。同时,教学标准与评价体系不完善,如教育培训的具体内容和方式、教学过程的监管、教学条件的保障、教学结果的

评估等缺乏统一规范。

应制定相关政策，允许高职院校从企业员工中招生，并明确招生条件和程序。同时，建立校企双方共同构建和实施学徒培养方案的指导性意见，确保培养方案的科学性和有效性。制定统一规范的学徒培训教学标准，建立“双标准”课程评价体系，确保学徒的企业学习和学校学习都能够得到全面、客观的评价。

### （三）利益协调机制与对话平台缺失

现代学徒制牵涉政府、企业、学校、教师和学生等多个利益相关者，然而，现行制度缺乏平衡的利益协调机制和交流渠道，造成各方利益难以有效协调。对话平台的缺失不利于推动各方的沟通与合作，使得现代学徒制在实施过程中易出现形式主义、培育质量低等问题。

学校和企业参与校企合作时常常存在不同的利益诉求，学校着眼于增强学生的实践能力和职业素养，而企业则优先考虑短期经济利益和人力资源有效供给。由于双方利益诉求不一致，同时缺乏有效的利益协调机制，易导致合作中观念不合及产生矛盾，损害双方的互信度和承诺度。

由于缺乏利益协调机制，合作双方的违约行为难以受到约束。例如，企业在合作中可能违背协议，未能为学校提供应有的工作岗位或实践机会，而学校也可能未能满足企业的人才培养要求。如果未明确违约惩罚和协调机制，双方的违约行为往往难以得到有效约束，会进一步损害双方的互信基础。

## 二、企业与院校参与不足导致现代学徒制培育效果较差

企业与院校参与不足导致现代学徒制培育效果较差，这是一个复杂而多维的问题，涉及多个方面的因素。

### （一）企业参与不足

#### 1.成本收益不对等

作为市场经济的主体，企业参与职业教育的主要动力在于获得足够的

利润。然而,在目前的校企合作中,企业通常需要投入大量人力、物力和财力,却可能在短期内看不到明显的经济回报,导致企业参与的积极性不高。由于企业参与不足,学徒很难获得真实的工作环境和实践经验,一定程度上制约了学徒职业技能的提升和职业素养的培养。

**2.激励机制与合作机制不健全**

目前,在校企合作领域,缺乏对企业参与职业教育的激励措施,如税收减免、资金补贴等,导致企业缺乏参与的积极性。激励机制的缺失是企业参与意愿削弱、校企合作效果欠佳的关键原因。

校企合作机制尚不健全,双方在合作过程中的责权利不明确,容易引发纠纷和矛盾。同时,合作机制的不完善使得校企双方难以形成稳定的合作关系,影响了合作效果。

## (二)院校参与不足

**1.教学资源有限**

部分职业院校在师资力量、教学设施等方面存在不足,难以满足现代学徒制的教学需求。由于教学资源有限,限制了职业院校在现代学徒制中的投入,影响了学徒的培养质量。

**2.教育理念滞后**

随着社会的高速发展和科技的不断进步,职业教育作为培养技术人才的关键渠道,其教育理念的革新至关重要。教育理念需要与时俱进,才能适应时代需求。目前,部分职业院校在教育理念方面未能跟上时代步伐,极大限制了职业教育的高质量发展。

部分职业院校的教育理念还停留在传统的教育模式上,对现代学徒制的重要性和意义认识不足。教育理念的滞后导致职业院校在现代学徒制的实施过程中缺乏主动性和创新性,影响了培育效果。教育理念滞后导致职业院校培养出的学徒在实践能力、创新能力和综合素质方面存在不足,难以满足企业的用人需求,从而影响学生的就业竞争力。

### 3.与企业沟通不畅

企业和学校存在显著差异,企业更关注经济效益和市场需求,而学校则更注重教育理念和学术研究,校企的认知差异导致双方在沟通交流时难以实现完全一致,沟通不畅甚至会导致出现误解和分歧。职业院校与企业之间的沟通受阻,会导致双方难以就合作达成共识。

信息共享不足是校企双方沟通不畅的表现,降低了合作实效。企业在市场和技术领域具备独特优势,学校则擅长教育和理论研究。因缺乏信息共享机制,导致信息传递容易出现失真或滞后,这种信息不对称致使双方难以做出准确判断和决策。

## 三、评价标准体系的缺损导致现代学徒制人才培养质量保障不足

在现代学徒制这一教育模式中,评价标准体系的缺损是制约人才培养质量的重要因素。评价标准体系的缺损,不仅会影响教育过程的科学性和规范性,还会严重削弱人才培养的质量保障力度。

### (一)评价标准缺失

目前,没有专门的权威机构立足于行业产业领域制定与现代学徒制相关的质量评价标准。现代学徒制的教育服务面向全社会,而非某一特定企业,但缺乏统一的、跨行业的评价标准,导致人才培养质量难以得到客观、公正的评价。同时,由于缺乏统一、明确的评价标准,导致高职院校及参与现代学徒制的企业的评价工作难以标准化、规范化。不同院校、不同企业在制定评价标准时,往往依据各自的经验和需求,这就造成了评价标准之间的巨大差异,不仅增加了评价工作的难度,也使得评价结果难以横向比较,从而削弱了评价结果的权威性和有效性。

### (二)校企双方评价机制不足

目前,校企各自为政,对于学徒的培养缺乏统一协同的评价机制是校企合作面临的主要问题。学校注重学生的理论考核,企业看重实践技能测评,

双方评价方式的不同导致评价脱节。此外，学生参加企业实习时，学校可能会减少对学生的督促，认为实习的教学任务应由企业承担，但企业可能缺乏与学徒身份相适应的考核机制，导致评价不全面、不准确。学校和企业应统一评价内容和标准，为学徒培养的评价工作提供科学指导和依据。

### （三）评价标准与实际需求脱节

随着科技的快速发展和产业的不断升级，市场对于技术技能人才的需求也在不断变化，现有的评价标准难以及时反映市场的新需求和新变化，导致培养出的学生可能无法适应市场的快速变化和企业的新要求。在校企合作中，企业作为用人主体，其需求应当获得充分体现和考虑。然而，在制定评价标准的过程中，由于校企双方沟通不顺畅、信息不对称等，企业的真实需求很难被完全纳入评价标准之中，导致评价标准与实际需求之间存在明显差距，从而难以培养出符合企业需求的高水平技能人才。

### （四）对导师和学徒双方的激励不足

在评价标准不健全的背景下，师徒双方的积极性可能受到影响。导师可能因为项目付出与个人获取的回报不对等而缺乏教学热情，学徒则可能因为学习期望值与实际岗位实践反差大而降低学习兴趣。导师和学徒双方未受到足够的激励，可能会产生消极影响。一方面，导师在指导学徒时通常需要投入大量时间和精力，但往往未得到应有的经济回报。与其他员工相比，导师的额外付出并没有得到适当的薪酬体现，这会影响他们的工作热情和投入程度。另一方面，导师除了物质激励外，还渴望得到精神层面的认可和尊重。然而，现行的评价制度对导师的肯定不明确、不充分，使得他们的工作满意度和成就感受到消极影响。此外，导师在指导学徒的过程中取得的成果往往难以纳入企业的整体绩效考评中，并缺乏明确的晋升途径和机会，降低了导师的工作积极性，限制了他们的职业发展。

### （五）过程性评价困难

由于学徒在企业实习过程中岗位分散，校内导师难以及时跟踪评价，同时企业导师的参与度较低，导致过程性评价难以实施。过程性评价的缺失，削弱了评价体系的完整性和有效性。针对过程性评价困难的问题，应完善学徒制人才培养质量的评价标准体系。首先，政府或行业协会牵头确立统一权威的质量评估标准，要确保评估标准的客观、公正及可行性。其次，建立校企协同评估机制，明确评估过程中各方的责任和权益，保证全面准确的评估结论。再次，随时关注行业动向和市场需求变化，灵活调整和优化评估标准，确保所培养的人才符合市场需要。最后，充分应用现代信息技术，如远程监控、在线评估等，强化对学徒实习进程的追踪和评估，确保评估结果客观、准确。

## 四、高层次学徒缺乏导致数字经济市场人才短缺

高层次学徒缺乏是导致数字经济市场人才短缺的一个重要因素。数字经济市场快速发展，对高层次、高技能人才的需求日益增长，而当前教育体系在培养这类人才方面还存在一定的不足。

### （一）高层次学徒缺乏的原因

#### 1.教育资源分配不均

当前，教育资源在不同地域、学校、学科、专业之间的分配不平衡，导致部分院校教育资源有限，难以培养出符合数字经济市场需求的高层次学徒。

首先，地域经济发展差异导致教育资源配置不均衡。经济发达地区通常有更多的资金用于教育领域，如兴建高水准教育设施、引进高层次人才、开发先进教育课程等。经济不发达地区受资源限制，存在教育经费不足、教育设施落后、师资匮乏、教育水平相对落后等局限性。可见，区域经济差异直接导致教育资源配置不均衡，这是制约高层次学徒培养的首要原因。

其次，政策倾斜导致教育资源分配不均。由于各种原因，政府在制定教育政策时可能存在一定程度的政策倾斜，导致教育资源分配不均。例如，政策倾斜的区域可能获得更多教育资源的支持，而其他区域可能面临资源的

相对匮乏。政策倾斜加剧了教育资源分布的不平衡,使得资源薄弱的区域难以培养出高层次学徒。

最后,教育资源分配不当导致高层次学徒缺乏。部分区域或学校可能将大部分资源注入次要领域或效益不高的项目,未分配足够资源支持培育高层次学徒。部分单位资源分配不当使得原本有限的教育资源变得更加分散,极大地削弱了培养高层次学徒的合力。

#### 2.教育内容与市场需求脱节

教育内容与市场需求的脱节限制了学徒的个人发展及数字经济市场的整体发展。

教育内容与市场需求的脱节主要体现为部分学校的课程内容更新滞后,未能适应数字经济的发展要求,导致所培养的学徒在技能、知识等方面与市场需求之间出现明显差距。这种差距导致他们在毕业后难以迅速适应市场需求,成为数字经济市场急需的高级人才。

理论与实践存在脱节,导致教育内容与市场需求脱节。一方面,部分学校仍然偏重于理论知识的传授,不重视实践环节;另一方面,即使设置了实践课程,也因资源有限、师资短缺等问题使得设置的实践过于简单。由于理论与实践脱节,培育的学徒难以胜任数字经济市场的复杂工作。

教育内容与市场需求脱节还体现为市场需求反馈机制的缺失。当前的教育体系缺乏有效的市场需求调研及反馈机制,使得学校在设计教育内容和教学计划时,未能根据人才需求的变化作出动态调整,使得学徒制在培养人才方面缺乏针对性和实效性。

大数据分析、人工智能、云计算等新兴数字职业技能培养不足,导致学徒在关键数字技能的掌握上存在明显缺失,无法满足数字经济市场需求。

### (二)数字经济市场人才短缺的表现

#### 1.数量上的短缺

随着数字经济的高速发展,数字经济市场对高质量学徒的需求急剧增加。然而,由于教育资源分布不平衡、培训体系不完善、部分院校对高质量学徒的培育重视不足等，导致市场上高质量学徒的数量无法满足企业的需求。高质量学徒数量的匮乏直接制约了数字经济市场的高质量发展。

#### 2. 技术与能力不足

高质量学徒应当具备坚实的理论基础，同时具备丰富的实践经验和创新能力。然而，当前的学徒存在技术和能力不足的问题，他们可能已经掌握了基本的数字技能，但在应对复杂多变的市场和业务需求时，很难迅速适应并充分发挥潜力。学徒技术和能力的不足，导致企业在数字化转型和创新发展过程中缺乏强有力的支持。

#### 3. 人才结构不合理

人才结构不合理是数字经济市场高质量学徒短缺的表现之一。数字经济市场缺乏既精通产业技术又熟悉数字技术的复合型人才。此外，初级学徒居多，具有高级技能和丰富经验的高级学徒相对稀缺。人才结构不合理导致企业在面对高端项目和复杂任务时陷入“用工荒”的困境。

#### 4. 区域分布不均

很多地区存在高质量学徒短缺的问题，但短缺程度有所不同。经济发达的地区往往能够吸引更多优秀学徒，产生人才聚集效应；相反，经济滞后的地区则面临更为突出的学徒短缺困境。区域发展的不均衡不仅加大了地区间的发展差距，也制约了数字经济市场人才的均衡增长。

## 五、学徒认同度不高导致学徒培养未发挥实效

学徒认同度不高是导致现代学徒制中学徒培养未发挥实效的一个重要因素。学徒认同度不高可能源于多个方面。

### （一）学徒个体价值观与职业期望不匹配

由于缺乏对学徒的前期引导，学徒在选择项目时可能没有充分结合自身实际情况与项目培育目标，从而出现学徒在参与培训过程后，发现自身职

业兴趣、价值观与所学专业或未来职业方向存在较大偏差的情况。学徒个体价值观与职业期望不匹配，不利于他们全身心地投入学习中，从而影响培养效果。

### （二）教育体系与市场需求脱节

教育体系若不能及时反映市场变化和企业需求，可能导致学徒所学知识与实际工作需要不一致。教育体系与市场需求脱节，不仅使学徒感到学到的知识无法应用，降低了他们的学习积极性和认同感，也使企业在招聘时难以找到合适的人才。同时，教育系统仍然存在重理论轻实践的倾向，导致学徒缺乏实际操作能力和解决问题的能力，难以履行实际工作岗位所需要的职能。

### （三）师徒关系与企业文化的影响

学徒的培养效果受师徒关系的影响。导师缺乏耐心、指导不当或沟通不畅，会使学徒感到迷茫与沮丧，降低其学习认同度和培养效果。同时，企业文化也对学徒的认同度产生重要影响。若企业缺乏积极上进的工作氛围，忽视员工成长成才，或者存在不公平待遇和晋升机制，将使学徒对专业和职业前景失去信心。

### （四）社会认知不足

社会对学徒制认知不足是学徒认同度低的原因之一。社会大众对学徒不够了解，在一定程度上影响了学徒的自我认同和学徒的社会地位，不利于学徒制的推广和发展，制约了学徒的职业选择和发展。

## 第三节 中国特色学徒制数字化转型的内涵与逻辑遵循

随着《中国教育现代化 2035》的提出，我国职业教育迎来了新的发展机遇与挑战。该规划明确指出，要积极利用现代智能技术加快推动人才培养模式改革、创新教育服务业态、推动教育治理方式变革。在此背景下，中国特色学徒制作为职业教育的重要模式，其数字化转型成为必然趋势。

## 一、中国特色学徒制数字化转型的内涵

中国特色学徒制数字化转型，是指将数字技术和智能技术全面融入学徒制的实施过程中，推动学徒制在教学内容、教学方式、评价模式、管理体系等方面的创新与变革，以适应数字经济时代对高素质技术技能人才的需求。

### （一）中国特色学徒制数字化转型的核心要素

#### 1.技术融合

中国特色学徒制在数字化转型过程中高度依赖先进技术的支持。随着大数据、人工智能、区块链、5G和云计算等先进智能技术的飞速进步，中国特色学徒制的数字化转型得到了强有力的技术支撑。先进技术的应用有助于提升教学质量、增强学习体验、优化教学流程，能够进一步推动学徒制向智能化、个性化和精准化方向发展。

#### 2.数据驱动

数据是数字化转型的核心资源。通过对学徒学习过程中各种数据的收集、组织和分析，能够全面了解学徒的学习状况和需求，从而为教学活动提供科学的支持。此外，以数据驱动的教学方法有助于推动学徒的独立学习和个性化成长，提高他们的学习成效。

#### 3.校企合作

为了实现中国特色学徒制数字化转型，学校与企业之间的紧密协作必不可少。通过为学徒提供实践工作机会，企业能够帮助学徒在真实的工作环境中不断学习和发展。学校采纳前沿的教育观念和技术方法，能够提升教学质量和效果。校企深度合作是学徒制数字化转型的关键要素。

#### 4.治理变革

随着教育数字化转型，治理模式也发生了改变。传统学徒制已经不能满足数字时代的需求，优化治理体系是中国特色学徒制数字化转型的必然选择及突破口。构建开放、协作和高效的治理体系，有助于推动政府、学校、

企业等多个利益相关方的共同参与和合作。治理变革有利于学徒制数字化转型的顺利实施。

### (二)中国特色学徒制数字化转型的实施路径

#### 1.教学内容数字化

数字化课程是中国特色学徒制向数字化转型的主要途径。通过将传统的纸质教材和教学资源转化为数字化资源,如电子书、在线课程和教学视频等,使学生能够在任何时间和地点进行学习。与此同时,确保教学内容能够持续地进行更新和迭代。数字技术平台的使用,有利于高效便捷地更新教学内容,实时展现行业的最新进展和技术的发展方向,确保学徒所掌握的知识与市场的实际需求同步。

#### 2.教学方式智能化

智慧型教学工具的使用能加速学徒制数字化转型。通过应用大数据和人工智能等先进技术,开发智能教学辅助工具,如虚拟仿真实验室等,为学生提供更为生动和直观的学习环境。通过对数据进行深入分析,更好地了解学徒的学习习惯和需求,为他们提供定制化的学习途径和教育资源,实现因材施教。

#### 3.评价模式多元化

用数字化手段开展过程性评价是学徒制数字化转型的重要路径。评价手段数字化有助于对学徒的整个学习过程进行持续的追踪和记录,通过对数据的深入分析,对学徒的学习成果作出即时和精确的判断。为了构建多元的评价体系,不仅可以采用传统的考试评价方法,还可以融合项目评价、实践评价和企业评价等多种评估手段,以全方位地评估学徒的综合素质和能力。

#### 4.管理体系数字化

创建数字化管理平台是学徒制数字化转型的必要途径。对学徒制在招生、教学、实习、就业等各个环节实施信息化管理,能够提升工作效率和管理质量。利用大数据能够对学徒制的实施效果进行深入的评价,为政策制定和决策过程提供坚实的科学根据。

#### 5.校企合作深化

共建校企合作数字化平台,确保校企共享资源并共同进行学徒培养是学徒制数字化转型的有效途径。借助数字化技术,创新校企合作方式,如共同建立实训基地、合作研发项目等,可以推动产业与教育的深度整合。数字化时代,人才培养模式也需要进行数字化革新。通过采用智慧学习、在线教学等创新教学模式,学徒教育可以打破传统教学的时间和空间束缚,增强学徒的学习热情和参与程度。此外,校企合作要高度重视对学徒创新思维和实践技能的培养,激励他们参与各种创新项目和实践活动,提高他们的整体素养和市场竞争力。

#### 6.文化传承与创新

利用数字化手段进行文化传承与创新对学徒制数字化转型具有重要意义。通过数字化手段记录和展示传统工艺和文化精髓,不仅能够促进学徒制数字化转型,还能够促进传统文化的传承和保护。利用数字技术进行技能创新,能够促进传统文化的创新性发展。

## 二、中国特色学徒制数字化转型的逻辑遵循

中国特色学徒制数字化转型遵循一系列逻辑,旨在推动职业教育与数字技术的深度融合,以适应数字经济时代对高素质技术技能人才的需求。

### (一)理论逻辑

#### 1.科学发展理念

立足新时代科学发展理念,推动职业教育内涵式发展是中国式职业教育现代化发展的必经之路。数字化转型作为职业教育现代化的重要手段,必须遵循这一理念,实现教育质量的全面提升。

**2. 中国特色学徒制的本质特征**

中国特色学徒制以“为党育人、为国育才”为本质特征，强调立德树人。中国特色学徒制数字化转型应强化这一特征，通过数字技术提升学徒的职业道德、职业素养和创新能力，培养担当民族复兴大任的时代新人。

**3. 技能型社会建设**

随着技能型社会建设的推进，职业教育需要更加注重技能型人才的培养。中国特色学徒制数字化转型应助力职业教育实现这一目标，通过智能化教学、个性化学习等方式提升学徒的技能水平。

**4. 以人为本、因材施教的教育理念**

以人为本、因材施教是教育体系核心理念的重要组成部分。中国特色学徒制数字化转型是以人为本和因材施教在职业教育领域中的鲜活应用。应用先进的数字技术手段，能够使教学过程和教学方法更加个性化和差异化，从而能够有效地满足不同学徒群体的学习需求。通过运用数据分析和智能推荐等手段，能为学徒量身打造个性化的学习计划和路径，并提供高效便捷的学习支持和服务，以实现因材施教的教育目标。

**5. 构建开放、协同、共享的职业教育生态**

中国特色学徒制数字化转型进一步推动了职业教育生态环境的建立和完善。通过打造开放、协同、共享的职业教育生态环境，能够实现教育资源的优化配置和共享利用。在开放、协同、共享的职业教育生态环境下，政府、学校、企业、行业协会和科研机构等主体共同参与和协作，形成了良好的互动机制和合作氛围。中国特色学徒制数字化转型为职业教育生态系统建设提供了强大的支持和保障，推动职业教育在符合市场需求和社会预期的基础上蓬勃发展。

### （二）现实逻辑

**1. 以市场需求为导向**

中国特色学徒制数字化转型应以市场需求为导向。职业教育作为与经济社会发展紧密相连的教育类型,其人才培养目标、专业设置、课程内容等必须紧密贴合市场需求。数字化转型正是通过技术手段,使学徒制的培养模式更加灵活多样,能够迅速响应市场变化,培养出符合产业转型升级需求的高素质技术技能人才。在数字化转型的过程中,必须始终关注市场需求的变化,及时调整和优化人才培养方案。

**2. 以技术创新为驱动**

技术创新是推进中国特色学徒制数字化转型的重要动力。随着大数据、人工智能、云计算等技术的革新发展,教育界正在经历一场空前的变革。引入现代技术不仅为学徒制教学和管理带来了翻天覆地的变化,同时为学徒制的创新发展创造了更多可能。在数字化转型的过程中,应积极探索和应用新技术,推动教学模式和管理模式的创新,提高教学效率和质量。

**3. 以产教融合为核心**

产教融合是中国特色学徒制数字化转型的核心逻辑。产教融合的核心理念是教育与产业之间的深度整合,通过校企合作、工学结合等途径,实现教育资源和产业资源的最佳配置与共享。数字化转型为产教融合创造了更加便捷、高效的途径,深化了校企合作关系。学徒制数字化转型,必须坚持以产教融合为核心,从共同制定人才培养方案、开发教学资源、建设实训基地等方面,完善协同育人机制,确保人才培养符合市场需求。

**4. 以个性化学习为目标**

个性化学习是中国特色学徒制数字化转型的重要目标之一。传统学徒制的教学内容和方法较为单一,无法满足不同行业、不同层次学徒的个性化需求。数字化转型通过先进的技术手段,能为学徒提供更为灵活和多样化的学习途径和学习资源,使他们能够根据自己的学习特性和兴趣爱好进行个性化的学习。学徒制数字化转型必须重视个性化学习的设计和实施,为学徒提供更加精准、有效的学习支持和服务。

**5.以质量提升为根本**

提高教育质量是推动中国特色学徒制数字化转型的核心目标。学徒制数字化转型的目标并非仅仅追求形式上的创新和改变,而是希望通过引进和应用先进的技术手段提高学徒教育质量。学徒制数字化转型要把提升教育水平及学徒质量作为首要任务,重视教学质量的监控和评估,确保数字化转型的成效能够真正体现于人才培养质量的提升。

# 第二章 国内外学徒制数字化实践项目

## 第一节 国外学徒制数字化实践项目

随着全球数字化步伐的不断加快,教育界,特别是职业教育领域,正在经历一场空前的变革。数字化学习成为现代教育发展的趋势之一,为传统的教学模式注入了新的活力。学徒制作为一种具有深厚历史背景的职业教育方式,在数字化的驱动下,正在逐渐与现代科技相结合,形成了一系列具有创新性的数字化实践项目。数字化时代,传统的学徒培养模式已难以适应新形势的需要,各个国家都在积极尝试将数字化技术整合到学徒制中,以提高职业教育的效益。

### 一、德国:职业教育数字化改革的先锋

#### (一)班贝格第二国立职业学校的“未来教室”项目

班贝格第二国立职业学校通过实施“未来教室”项目,培养学生在数字化环境中独立学习的技能。“未来教室”是一种全新的基于信息技术的新型课堂模式。这个项目成功地消除了传统教室之间的物理隔阂,采用开放、灵活和富有创意的教室布局,包括多样化的桌椅形状和任意组合的摆放方式,以及电子白板和各种移动终端设备等。这些变化使学生能更容易地理解知识,并提高他们的协作与交流技能。学生有权根据自己的学习需求来决定学习内容的优先级和重要性,可以选择合作学习或是独立学习。教师可利用多媒体设备提供多种教学手段以支持不同类型的课堂活动,帮助学生更好地学习知识与技能。除此之外,学校利用云学习系统为学生提供数字化

的学习资源,确保他们可以在任何时间、任何地点进行学习。教师在课堂上与学生一起讨论问题、分享经验并共同制定目标。这一教学模式不仅有助于培育学生的独立学习能力,同时能够推动他们的社会融合和个性化发展。

### (二)“数字烘焙”项目

在德国埃尔福特手工业行会的职业培训中心,一个有名的跨企业的培训中心推出了名为“数字烘焙”的项目。该项目的目标是通过数字化的创新手段,吸引更多的年轻人加入传统的烘焙糕点行业,接受专业的职业培训。这是一项以学生为主的跨学科培训项目。这个项目得到了跨企业职业培训中心的“数字化特别计划”的资金支持,资助的时间范围是从2020年10月到2022年12月。该项目是针对德国南部地区传统烘焙糕点制作工艺而开展的一项新型职业培训活动,目的在于培养具有一定专业技能的年轻学徒。这个项目采用了食品3D打印机、计算机系统和计算机配方秤等先进技术,为教学注入了新的活力,帮助学员掌握数字技术在食品生产和生产流程优化中的应用。项目实施后,学生将获得与传统手工制作同样的资格认证。此外,该项目还为教师提供了数字技术和媒体技能的在线课程,并以数字化的方式向公司和职业培训中心的培训人员提供资格证书。该项目旨在通过对食品行业中最重要的环节进行革新,帮助员工提升其在食品加工与包装方面的能力。这一跨企业的职业培训方式不仅提升了生产的效率,同时增加了传统食品贸易行业的吸引力。

### (三)“掌控VR”项目

在职业教育和培训领域,虚拟现实技术已经成为必不可少的工具。虚拟现实技术能让学生更直观地理解知识并提高他们解决问题的能力。波茨坦大学与杜伊斯堡-埃森大学的学习实验室联合主导的“掌控VR”项目,正是此类项目的经典实例。他们开发了一种基于虚拟现实技术的虚拟实训平台,并将这种虚拟实训平台应用于汽车车身喷漆的教学实践中。这个项目利用虚拟现实技术手段,为学生提供了关于车辆喷涂的专业培训。采用真实汽车外观作为模型来构建工作环境，使学生能够直观地体验到实际工作过程中所需要注意的事项。该项目的关键工具是名为“VR涂装车间”的应用软件，覆盖了培训任务的规划、实施以及联合评估三大部分。整个过程采用真实汽车生产线环境，包括各种设备以及生产现场所产生的烟雾和粉尘。在模拟的学习环境中，学员利用虚拟现实技术的培训软件来完成他们的学习任务，并通过使用喷漆枪的物理控制器来操作虚拟的工件。这样既能实现与真实环境的融合，又能让学员亲身体验到实际生产过程。这种以实际操作为导向的模拟学习模式，不仅显著提升了培训的效果，也规避了实际操作中可能出现的环境污染和成本增加的问题。

## 二、美国：青年学徒制的数字化创新

### （一）青年学徒制的数字化指导方针

在数字化的大背景之下，美国的青年学徒制确立了一套核心的指导方针，这些方针涵盖职业导向、公平性的重视、学分的可转换性、适应性的强调以及问责制的建立等方面。其核心目标是减少年轻人的失业情况，并满足企业尚未满足的劳动市场需求。通过分析其实践案例发现，美国青年学徒制度具有较强的灵活性和实用性，有助于提高就业质量。此外，美国构建了一个青年学徒制的数据结构，鼓励雇主和行业之间的合作，强化职业教育与青年学徒项目之间的联系，并对数据的收集和应用进行了优化。

### （二）数字化学习资源的应用

在美国的学徒教育体系中，数字化的学习资源已经被广大教育者所采纳。对美国高校开展数字化学习情况的调查分析发现，目前很多大学已经建立起数字化学习系统，并将其作为一种重要的教学手段应用到日常教学活动当中。例如，众多的学校和企业采用学习管理系统来管理他们的学习活动，并结合Desmos、GeoGebra、Khan Academy等先进的技术工具，为学生提供丰富的学习资源。通过使用这些资源，学生能够更方便地从网络上获得自己所需要的内容。采用翻转学习策略,允许学生浏览过去和现在的课程以及评价,从而使他们的学习过程变得更为有弹性。

## 三、英国:中职教育的数字化实践

### (一)数字化制作、设计和开发课程

在英国的中等职业教育中,数字化制作、设计和开发课程,内容涉及从产品设计到软件开发、从计算机应用到电子商务、从网络工程到数据库技术,学生能够学习各种数字化职业所必需的核心知识和技能。课程的时长为2年,涵盖了不少于9周的行业实践。课程旨在使学生掌握计算机基础知识,培养学生在不同工作环境下使用计算机的能力,学生有可能成为网络开发者、网页设计师、软件开发者、电脑游戏测试员等。除此之外,学生还有机会依据他们在课程学习中取得的成绩,参与高级学徒或者本科或更高级别的学位课程学习。

### (二)数字化教学资源的建设

英国的中等职业学校高度重视数字化教学资源的构建,通过引进尖端的数字技术与设备提高其教学的品质和效益。近年来,英国政府加大投入力度,在职业教育领域积极推进数字化教学改革。学校为学生提供了如交互式白板和平板电脑这样的教学工具,使他们能够体验到更为生动和直观的学习过程。同时,教师充分利用互联网发布信息,并与其他教师分享自己的教学资源。此外,学校还推出了在线学习平台,旨在为学生提供灵活的学习方法和丰富的学习资源。

## 四、日本:教育数字化转型

### (一)"超智能时代"的发展理念

日本在"第五次科学技术基本计划"中提出了"超智能时代"(Society

5.0)的发展理念,旨在通过信息技术和科技创新实现全社会的数字化变革。在这个背景下,日本各领域开始进行信息化建设,并取得显著成效。在教育领域,日本政府积极推动数字化转型,培养学生的信息素养和数字技能。

### (二)GIGA学校项目

日本文部科学省为了达成“学校3.0构想”中的数字化人才培养目标,启动了GIGA学校项目。该项目旨在培养具有信息技术基础的复合型人才,以满足社会发展对信息化人才的需求。该项目为每名学生配备一台终端设备,以提升学生的信息素养和数字技能,同时促进了教师的个性化指导和学生之间的协同学习。学校以培养具有良好信息技术基础的人才为目的,在课程设置上注重与专业领域相结合,开设计算机应用技术、电子信息工程、信息管理与信息系统、通信系统4个方向的核心专业课程。此外,学校还配备了先进的大型实物投影仪和AR智能眼镜等高端设备,确保校园内的超高速网络和无线网络能够实现全面覆盖。

### (三)教育数字化改革

日本政府已经建立了名为“数字厅”的机构,并公布了关于教育数字化改革的详细规划。日本的教育数字化改革是以信息化为基础,通过信息技术来提升教师素质,促进教学变革。设定了三个阶段的目标。短期目标涵盖增加学校信息终端的数量、学生评估的网络化等方面;中期目标涵盖研发创新的教学手段、构建全新的学习途径等方面;远期目标包括通过网络提供多样化的教育资源以满足学习者需求、促进教师角色转变以及提高政府对信息化工作的支持力度等。

## 第二节 国内学徒制数字化实践项目

在我国,随着教育改革的不断深化和数字化转型的快速推进,学徒制作为职业教育与产业整合的关键模式,正在逐渐融入数字化元素,形成了一系列具有创新性和实效性的实践项目。

## 一、校企合作模式下的学徒制数字化实践

### （一）新疆农业职业技术学院与华住酒店集团的中国特色学徒制数字化平台

#### 1.平台背景

为响应国家对于实施中国特色学徒制的指导意见，新疆农业职业技术学院与华住酒店集团共同启动了中国特色学徒制试验项目，成功构建了对应的数字化平台，并在此基础上建立了以企业需求和学生岗位能力为导向的现代学徒制人才培养模式。这个平台的目标是利用数字化技术加强学校与企业之间的合作，改进学徒的培训流程，提高学徒的就业质量。

#### 2.平台构成与功能

中国特色学徒制数字化平台主要涵盖学徒信息管理、学徒计划管理、课程管理以及评估管理等多个功能模块。平台具有学徒信息管理功能，能够对每位学徒的个人资料进行深入的记录和整理，包括学徒的基础信息、学习进度和工作表现等。学生可以通过网络查询自己在学徒期间的各种情况。通过这个平台，学校和企业能够随时掌握学徒的最新情况，确保提供的信息及时准确。平台具有课程管理功能，根据学生实际需求设计课程内容及授课时间，并将内容发布给各学院或工厂企业，供学员选择使用。学徒计划管理的核心功能在于学校和企业双方合作，共同设计出学徒培训方案，其中涵盖职位分配、课程设计以及实践项目等多个方面。平台将所有参与学生统一纳入平台管理范围内，实现“学工结合”。平台持续追踪计划的执行状况，以确保学徒能够按照预定计划有条不紊地完成学习任务。平台提供多种教学资源，为学员开展各种教学活动，使其获得相应的技能训练。平台将各种丰富的在线课程资源进行了整合，这些资源包括但不限于理论课程、实践课程以及案例分析等。学徒可以根据个人的兴趣和需求来选择适合自己的课程，并可以通过这个平台提交他们的学习成果和作业。评估管理的核心功

能是在平台上创建评估模块，以对学徒的学业和职业表现进行周期性的评价。平台为学员提供自主测评的机会，使学习者能在自我监控下完成各项任务。对于学徒的晋升和奖赏，评估的结果将起到关键的参考作用。平台采用分级评分机制，以不同级别的学习者为考核对象，保证测评内容与学情相适应。此外，平台还为学生提供了自我评估、相互评价和企业评估等多样化的评价手段，以确保评估结果公正客观。

#### 3.实施效果与影响

新疆农业职业技术学院和华住酒店集团通过建立数字化平台，成功地实现了学校与企业的深度合作和协同育人。通过对学徒进行信息化技能训练，有效解决了学生实训难、工学矛盾突出等问题，有助于培养符合市场需求的技能型人才。学徒在实际工作环境中接受培训和实践锻炼，不仅可以提高他们的专业技能和职业素质，还可以增强他们的岗位适应能力和就业竞争力。这种基于企业需求的“工学结合”模式有效地解决了职业院校教育教学过程中学生理论学习不足、实际动手能力不强等问题。此外，该平台也推动了教育资源的共享与最佳分配，从而增强了教育资源的使用效益。

### (二)深圳智邻科技有限公司的“智学徒”现代学徒制育人平台

#### 1.平台背景

深圳智邻科技有限公司紧密跟随职业教育的改革趋势，利用其在教育信息化方面的丰富经验，成功推出了名为“智学徒”的现代学徒制育人平台。该平台基于数字校园建设而设计，是以互联网+智慧学习空间和智能管理平台构建的新型实训基地。该平台的目标是利用数字化技术加深产教结合，加强学校与企业的合作，创新技术技能人才的培养方式，为现代学徒制教育提供坚实的支持。

#### 2.平台构成与功能

“智学徒”现代学徒制宣传平台作为学校与企业共同教育的政策推广窗

口，整合了在线报名、联合招生和资料审核等多项功能。为更好地开展工作，在分析其主要功能模块的基础上提出系统实现思路。学生可以通过这个平台迅速获取现代学徒制的相关政策、三方合作协议、职位描述以及专业背景等详细信息，并顺利完成在线报名和提交所需资料。

"智学徒"现代学徒制教学管理平台对教学流程进行了细致的管理，包括制定教学计划、通知教学任务、管理资料、考勤和评价等多个方面。该平台的构建为校企双方提供了一个沟通的桥梁，实现了"教"与"学"之间的双向互动。利用SWOT分析和标杆分析等，对学徒制的建设状况进行了深入的诊断和分析，并据此生成了诊断报告，以协助学校和企业在教学方案上进行持续的优化。

"智学徒"App在学生群体中得到了广泛应用，学生可以通过该App实现在线学习、学习过程的记录以及教学和互动等多种功能。课程开发平台基于云计算架构实现了教师备课、授课、答疑、作业批改及成绩统计等信息化管理。该App提供了多种考勤方式，如定位打卡和Wi-Fi签到，以确保学生能够准时到达工作岗位。基于该技术平台开发出课程类、实训类、技能类三种教学模式及对应的不同阶段的实践环节，实现了对人才培养全过程的有效监控。此外，学生可以利用该App随时获取课程目标、教学内容和教学时间等最新信息，并可以进行自我学习、多次练习和互动交流。基于此，可以为教师提供及时反馈，便于对教学进行调整，从而提高教学质量。除此之外，该App还配备了多个评估模块，这些模块通过学生测试、企业评估和客户反馈等多种途径，全方位地展示了学生的教育质量。

**3.实施效果与影响**

"智学徒"平台面世以来，赢得了众多的赞誉。该平台将课程设置、师资力量等信息进行整合后发布到互联网上，使其可以快速被学习者所获取。借助这一平台，学校与企业可以更为高效地合作，共同规划人才培养策略，确保教学资源得到共享和进一步优化。学生有机会在一个更为灵活和便利的学习环境中不断自我提升，增强实践技能和职业修养。该平台也能更好地为教师搭建交流渠道,及时了解教师的教学情况。此外,该平台推动了教学数据的不断累积,为现代学徒制教育的持续优化提供了坚实的后盾。

## 二、政府引导下的学徒制数字化实践

### (一)全国职业教育数字化教育资源平台建设项目

#### 1.项目背景

为了进一步提高职业教育的教学品质和标准,并推动教育资源的平衡分配,我国在政府领导下建立了一个全国性的职业教育数字化资源平台。平台的目标是融合高质量的教育资源,为职业院校及其师生提供数字化教学体验。

#### 2.实施内容

整合全国范围内的职业教育优质课程、教学资源和学习资料,实现资源共享。开发功能完善的在线学习平台,支持学生在线学习、互动交流和作业提交等功能。为教师提供数字化教学工具培训和技术支持,提升他们的数字化教学能力。

全国职业教育数字化教育资源平台建设项目促进了教育资源的均衡分配,使更多学生享受到优质的教育资源。同时,提升了职业院校的教学质量和水平,推动了数字化教育在职业教育领域的广泛应用和创新发展。

### (二)国家职业教育智慧教育平台

#### 1.项目背景

国家职业教育智慧教育平台作为国家教育公共服务体系中的一个综合性集成平台,是国家智慧教育平台的一个关键部分。这个平台是在教育部的主导下建立的,其主要目标是利用数字化技术提高职业教育的教学品质和标准。

**2.实施内容**

该平台由"专业与课程服务中心""虚拟仿真实训中心""教师能力提升中心""教材资源中心"这4个主要部分构建而成,全面覆盖了职业教育的多个维度。该平台采用先进的技术构建出一个开放式的教学资源库体系,将各类教学资源进行整合、优化。在此平台上进行实训教学,可以有效地实现工学结合、校企合作的人才培养模式。此外,该平台还为学徒提供了模拟真实工作环境的虚拟仿真实训工具,利用虚拟现实等先进技术增强学徒的实际操作技能。

### (三)地方政府建设的职业教育数字化平台

除了国家层面的平台外,地方政府也根据自身需求建设了相应的职业教育数字化平台。这些平台通常具有4个特点。一是区域特色。地方政府建设的平台会结合地方产业发展需求和职业教育特点,形成具有区域特色的职业教育数字化资源体系。二是资源整合。平台会整合区域内职业院校、培训机构、企业等多方资源,形成统一的资源库,为学徒提供多样化的学习路径和选择。三是学徒管理。平台会对学徒的基本信息、学习进度、工作表现等进行全面管理,确保培养过程的规范性和有效性。四是就业服务。部分平台还会与企业合作,为学徒提供实习、就业推荐等服务,促进学徒的顺利就业。

### (四)产教融合信息平台

为了进一步推进产教融合,政府建立了专门针对产教融合的信息平台。目前,我国已经有一些高职院校建成了专业群或专业集群平台。平台的主要功能包括:一是学校与企业之间的合作对接。为职业学院和企业提供协同服务,进一步加强在人才培训和技术研发等领域的合作关系。通过建设"双师"型师资队伍、建立产学研结合的创新体系、打造行业特色专业群等方式推进职业教育改革发展。二是项目的发布和申报。公布由政府资助的产教结合的项目详情,并鼓励职业学院与企业进行项目的申请和合作,鼓励企业参与到项目建设中来。三是政策的宣传和解读。及时发布与产教融合和学徒制有关的政策文件,并提供政策建议。

## 三、技术驱动下的学徒制数字化实践

技术驱动下的学徒制数字化实践在国内呈现出多样化的趋势,这些项目旨在通过信息技术手段,提升学徒制教育的效率和质量。

### (一)3D数字化教学资源在学徒制中的应用

#### 1.项目背景

随着信息技术的不断进步和普及,3D数字化教学资源在教育改革中得到了普遍运用。这些教学资源不仅能为学生提供更为直观和生动的学习体验,还能激发学生的学习热情和提升学习成效。

#### 2.实施内容

利用3D显示技术和全息技术开发数字化教学资源,如虚拟实验室、模拟操作平台等。创设合理的教学情景,让学生在虚拟环境中进行实践操作和体验。对现有的教学资源进行整合和优化,确保优秀的教学内容贯穿于教学始终。

3D数字化教学资源极大地提高了学生的学习兴趣和实践能力,促进了教学效果的提升,为学徒制教学模式的创新提供了有力支持,推动了职业教育与产业的深度融合。

### (二)阿里云发布的“数字实践平台”

#### 1.平台背景

随着数字经济的快速崛起,企业对于高技能专业人才的需求愈来愈大,传统的教学模式已无法满足社会发展的需要。阿里云教育科技推出“数字实践平台”，其目标是通过建立一个从理论课程、线上实践训练到考试认证的完整人才培养流程，帮助职业教育更好地适应经济社会的发展和产业结构的升级。

**2.平台特点与优势**

该平台运用AR/VR、模拟仿真等尖端技术，将阿里巴巴在不同行业中的数字化转型经验成功地转化为专为职业技能教学设计的在线实践工具和教学内容。平台通过搭建“线上学习+线下练习”双维度闭环反馈体系，实现了学生自主学习与教师引导下在线互动相结合的新型教学模式，满足了不同专业对技能人才的多元化培养需求。该平台涵盖电商直播、软件开发、智慧物流、数字金融、工业互联网、智能网联车、数字设计等多个领域，并提供了标准化的实训实践课程和工具。

该平台融合了线下实际操作，并辅助基于知识图谱的过程评估，从而客观、全面地展示了学生的能力模型，实现了线上和线下相结合的混合式教学模式。目前，该平台已经为浙江大学城市学院、浙江工业大学、上海师范大学天华学院、西交利物浦大学、淄博职业学院、杭州科技职业技术学院等近百个学院提供了服务。

**3.平台功能与应用**

该平台为用户提供了丰富的在线理论教学资源，覆盖了多个专业领域的知识和理论。以“汽车发动机构造与检修”课程为例，将知识内容融入虚拟仿真实验教学环节。借助AR/VR等先进技术，模拟真实的工作场景，使学生能够在虚拟环境中进行实际操作，从而提高他们的技术能力。平台设置了课程模块，根据专业特点划分课程内容，并结合不同阶段的教学内容提供相应的考核方法。该平台为学生提供了考试认证服务，协助他们评估自己的学习成绩，并帮助他们获得行业内公认的证书。依托网络平台开展校企合作，构建“双导师制”人才培养模式，为社会培养高素质应用型人才。该平台与众多企业建立了合作关系，将企业的具体需求和职位技能标准整合进教学体系,从而实现了产教之间的深度整合。

#### 4.平台案例与成效

“数字实践平台”在智能网联车的实际操作中,与达摩院代表自动驾驶技术前沿的“小蛮驴”汽车进行了整合。基于“小蛮驴”在设计、交付、运维等专业领域的岗位能力模型,搭建了智能网联汽车从理论课程、仿真平行驾驶、高精地图制作到真车远程托管守护等岗位技能的学习模块。同时,该平台成功地整合了国家智能网联车技能大赛和智能网联车安全员的技能认证,进一步完善了技能职业人才的培养体系。

在农村电商人才培养方面,该平台利用阿里巴巴在电商行业的生态优势,将直播电商、农产品带货、跨境贸易等行业领先的产业实践整合到实训场景中,通过工学一体的生产性实训基地,实现了从人才培养到就业支持的完整连接。同时,以“互联网+”为基础,构建基于云计算、大数据、物联网、移动互联等新技术的现代职业教育体系。结合当地的特色产业,加大力度培训既了解“三农”又熟悉数字化思维和电子商务的技术技能型人才,以助力乡村振兴。

### (三)师徒慧平台

#### 1.平台背景

随着现代学徒制的进一步普及和深化,如何高效地融合学校和企业的资源、提高教育培训质量以及实施精确评估已经成为迫切需要解决的问题。目前,传统“一对一”的教学模式已不能满足人才培养的需求,基于互联网的新型职业教育模式——学徒制数字化平台逐渐受到社会的广泛关注。师徒慧平台融合了云计算、大数据和人工智能等尖端技术,打造了一个融合教学、实训和评价功能的数字化平台,为学徒制提供了坚实的技术保障。

#### 2.平台功能特点

该平台实现了学校与企业之间的信息互通。在平台的基础上构建“三师”队伍培养体系，通过导师工作室制建立教师团队合作机制。师徒慧平台为企业和师徒双方提供实名注册服务，将传统的教与学、育与训从线下单一模式转变为线上与线下双重模式，并在前端和后端进行信息交互，从中挖掘有价值的信息进行评估。此外，该平台确保了在人才培养过程中，从招生、招聘、师资、学徒、课程、岗位到考核等各个环节能得到有效的管理，实现了校企信息共享，进一步推动了协同教育创新性发展。

该平台能够扩展教学的时间和空间。利用云计算构建了“互联网+”模式下基于网络技术的远程开放实训平台。通过学徒云的教学模式，成功地融合了学校与企业的分散式教学、实时直播教学以及视频评估。同时，通过在线学习、实时答疑、评估和成绩公布等多种方式进行交流和互动，以满足学徒工学交替学习的灵活需求。

该平台能够对学徒进行精确的评估。平台形成了以学员为主线、师傅为辅线、教师为主导的多维度评价体系，对学员实现全程跟踪管理。平台还详细记录了学习的内容、流程、成果以及教学活动，并采用大数据技术进行学徒和师傅的评估、筛选和分析。通过学生的学习“汗水值”和师傅的教学“威望值”，可以详细记录学生的学习和职业发展历程，确保有效的学习得到认可，成功的教学得到奖励。平台为企业和学生提供准确的职业建议和岗位推介，有效实现就业的精准和高效。

**3.平台应用成效**

师徒慧平台已成功注册了64家企业、320名师傅和3525名学生，累计连接了超过360对师徒，其应用群体正在不断壮大。同时，该平台还为学校开展校企合作搭建一个有效的载体和桥梁，促进了校内外教学资源的整合与共享。采用“一平台、三混合、双岗交替”的现代学徒制人才培养模式，成功地推进了学校与企业的联合招生、双重主体的培养、双重身份的管理、双师的培训与教学、工厂与学校的轮学以及双线程的管理等一系列人才培养改革措施，并构建了政府主导、行业指导和学校参与的运行机制。目前，相关的实践经验已经在15所高等职业学院中得以推广，为社会输出了大批技能人才。

## 第三节 国内外学徒制数字化实践的共性特点与经验启示

受到全球化和数字化的驱动，职业教育领域正在经历一场空前的变革。传统师徒式教学模式因其局限性逐渐被摒弃，现代学徒制成为新时期高职院校培养高技能人才的有效路径之一。学徒制作为一种具有深厚历史背景的职业教育方式，正在逐渐与现代科技元素相结合，塑造出数字化实践的新模式。目前，国内关于学徒制数字化的研究尚处于起步阶段，尚未建立系统而全面的理论框架体系。在推动学徒制数字化的过程中，国内外的经验对于提高学徒制人才培育质量、推动产业与教育的融合以及学校与企业的深度合作具有深远影响。

### 一、国内外学徒制数字化实践的共性特点

#### (一)平台架构合理，提供优质服务

国内外较为成功的学徒制数字化平台门户界面设置合理，内容覆盖全面。一是界面囊括企业、培训机构、学徒(学生)、教师、家长、政策和新闻等多元模块。二是各模块具有较强独立性，能为不同主体提供针对性的优质服务。三是模块间具有良好的融通性，便于用户全方位了解学徒培训。四是采用开放式架构，各接口集成化管理，增强了平台内与平台间的协同性。五是内容基于权威数据库，包括职业生涯规划、职业信息、行业数据、学徒成功案例、学徒培训补助、雇主职责与政策法律等。内容动态更新，能有效保障信息的准确性与时效性。

#### (二)技术深度融合，推动教育创新

无论是国内还是国外的学徒制数字化实践，技术整合都被视为最主要的共性特征。利用云计算、大数据和人工智能等先进的信息技术，传统的学徒制教育经历了深刻的改革。基于互联网的线上线下混合式教学模式已成

为国内外技能人才培养的主流模式之一。英国的“数字学徒计划”通过在线学习平台,为学徒提供了丰富多样的数字资源和个性化的学习途径。德国的“双元制”教育模式利用数字化工具确保了学校与企业之间的流畅连接和资源的共享。

英国“数字学徒计划”的目标是利用数字化技术增强学徒制的吸引力和实效性。“数字学徒计划”的核心在于构建一个由学校和企业共同参与的开放式、信息化的新型学徒体系,通过在线学习平台,为学徒提供一系列与数字技术有关的课程和培训资源。该平台不只提供详尽的视频教程、交互式模拟和在线测试等功能,还利用大数据分析技术为每一名学生定制个性化的学习方案。此外,平台还支持学徒进行自我评价。学徒有权根据自己的学习进度和兴趣点来选择适合的课程,并能在平台上完成各种作业和测试任务。平台还允许学徒自主制定未来工作规划,为学徒提供即时的反馈和个性化的指导,以帮助他们及时修正错误,提高学习效果。

德国的“双元制”教育模式是全球知名的职业教育方式之一,其数字化实践具有独特的参考性。首先,在实施“双元制”教学模式时,学校与企业共同肩负学徒培训的重任。学校负责学生技能培养、课程设置等工作,而企业则主要提供相关技术指导及管理服务。为了深化学校与企业的合作与交流,德国推出了若干数字化工具,如职业教育信息平台 IBZ 和企业培训管理系统 AZL。同时,德国的职教机构也建立了一系列数字化教学资源库,包括学生个人、班级、学院以及国家层面等各类数字教育资源。这些平台不仅促进了学校与企业间的信息交流和资源融合,还利用数字化技术工具对学徒的学习旅程进行了持续的追踪和评价。这些信息化手段可以有效地帮助企业了解并改进职业培训工作,提升学徒技能水平,促进学徒持续成长。例如,IBZ 平台为学徒提供了丰富的在线学习资源以及职业成长规划工具,AZL 系统主要应用于企业内部培训方案和评估准则的管理。此外,基于云计算的“双元制”教学模式也在实践中得到应用。借助数字化工具,“双元制”教育模式成功地实现了学校与企业之间的无缝衔接和高效合作。

### （三）校企合作深化，促进产教融合

校企合作被视为学徒制教育的显著特点。英国、德国和日本等国对学徒制进行了积极探索。在数字化实践过程中，国内外的学徒制都在加大与企业的合作力度，以促进产教融合的深入发展。德国的“双元制”强调学校与企业共同参与人才培养过程。澳大利亚的“新学徒制”通过政府的指导和市场机制的结合，促进学校和企业之间的深度合作。中国的现代学徒制强调学校与企业在招生、培训和评估等方面的密切合作。

澳大利亚推出的“新学徒制”是一个由政府资助的职业教育和培训计划，其主要目标是通过学校与企业的合作培养高质量技能人才。它将职业培训与工作实践相结合，为学生进入工作岗位后从事相关专业的技术服务奠定了基础。在该项目实施过程中，政府、学校和企业三方紧密协作，共同拟定培训方案和课程准则。学生学习结束后，由企业直接管理并进行考核评估。合作企业不只参与学徒的选拔和招募流程，还承担着提供实习职位和导师资源的责任。政府则为学徒提供相关保障并对其实施监督和指导。为了激励更多企业参与学徒制教育，政府采取了多种手段，如提供财务援助和提供政策优惠等。澳大利亚的“新学徒制”采取深度校企合作模式，不仅增加了学徒的就业机会，也推动了企业的技术革新和产业的进步。

在我国，自2014年起教育部开始大力推行现代学徒制试点工作。在试点项目中，校企双方共同制定人才培养方案、开发课程资源、建设实训基地等。例如，某汽车制造企业与某职业技术学院合作开展现代学徒制试点项目，双方共同制定了汽车制造与维修专业的培训计划和课程标准，并依托企业实训基地开展实践教学活动。同时，学校派遣专业教师到企业参与学徒的培训和指导工作。这种深度的校企合作模式，不仅提高了学徒的实践能力和职业素养，还促进了学校与企业的互利共赢。

强化学校与企业间的合作和交流有助于推动产教融合的深入发展。在数字化实践过程中，学校和企业可以合作制定培训方案和课程标准，开发课程资源，建立实训基地，以实现教育资源的最优配置和高效利用。此外，企

业还能为学徒提供实习机会和导师资源,以帮助学徒更深入地了解行业趋势和企业需求,从而提高他们的就业竞争力和适应能力。

### (四)注重个性化与精准化教学

在数字化时代,个性化教学已成为教育发展的重要趋势之一。国内外学徒制数字化实践也纷纷探索个性化教学模式,以满足学生多样化的学习需求。例如,美国的"合作教育"项目通过在线学习平台为学生提供个性化的学习路径和资源,中国的现代学徒制注重根据学生的兴趣和能力制定个性化的培养方案。

在美国,"合作教育"项目代表了一种将学校教学与工作实践紧密融合的教育模式。该项目以培养学生综合素质为主,注重对学生进行能力训练。在项目实施过程中,教师采用案例教学、小组协作和探究式教学等方法促进学生对知识的理解和应用。为了更好地满足学生多元化的学习需求,该项目还推出了一个在线学习平台,旨在为学生提供更加个性化的学习途径和资源。该平台包括教师教学管理系统、学习支持服务系统以及学生自主选择的课程和资源等三个子系统。该平台运用大数据分析方法来搜集学生的学习资料,并对这些数据进行深入分析和挖掘,以更好地了解学生的学习习惯和兴趣所在。在教学过程中,教师会针对不同类型的学生设计相应的教学活动,帮助学生建立独特的知识结构,并根据学生的个人兴趣和技能,为他们推荐合适的课程和资源,为他们设计个性化的学习方案。在此过程中,教师也可以对学生的成绩作出客观准确的评估并及时反馈给学生,以便调整教学方案。这种个性化教学模式不仅激发了学生的学习热情和主动性,还有助于学生的全方位成长。

以校企联合培养人才为目标,将"工作过程导向"作为人才培养模式改革方向,建立"工学结合"课程体系是目前的主流模式。针对学生的兴趣和技能设计培训计划,并为他们提供多种课程选项。学生不仅能学到知识,而且能够掌握专业技能,提高综合素质。在导师的引导下,学生有机会根据个人兴趣来选择合适的课程,并进行相应的学习与实践活动。学生之间通过相互交流、共同探索等加深对知识的理解，从而达到共同进步。

个性化教学是国内外学徒制数字化实践的重要经验。将信息技术与学徒制相结合，建立基于互联网的个性化教学模式势在必行。利用先进的信息技术工具，搜集和解析学徒的学习资料，识别他们的学习习惯和兴趣所在，将个性化教育与传统教育相结合，形成“基于项目式”“任务驱动型”“翻转课堂”等多种模式。个性化的教学模式在学徒制中的运用，不仅能激发学徒的学习热情和主动性，也能推动他们的全方位成长和个性化发展。

### （五）强化实践教学与技能培养

实践教学是学徒制教育的重要组成部分。国内外学徒制数字化实践都加大了实践教学力度，以提高学生的实践能力和职业素养。例如，德国的“双元制”教育注重在企业中进行实践教学，中国的现代学徒制注重通过校企合作开展实践教学活动。

德国的“双元制”教育是一种将学校教育与企业实践相结合的教育模式。在该模式中，学生在学校学习理论知识，同时在企业进行实践教学活动。企业为学生提供了真实的工作环境和实习岗位，使学生能够在实践中掌握职业技能和工作经验。同时，企业派遣经验丰富的导师对学生进行指导和培训，以确保学生能够胜任工作任务。这种实践教学模式不仅提高了学生的实践能力和职业素养，还促进了企业与学校之间的深度合作和互利共赢。

中国的现代学徒制试点项目中，实践教学也得到了充分重视。国内很多职业技术学院与企业合作开展了现代学徒制试点项目，合作项目注重通过校企合作开展实践教学活动。学校与企业共同制定实践教学计划和方案，并依托企业实训基地开展实践教学活动。学生在企业导师的指导下进行实践操作和技能训练，以掌握相关职业技能和工作经验。同时，学校还注重培养学生的创新思维和实践能力，鼓励学生参与科研项目和创新创业活动，以提高学生的综合素质和竞争力。

实践教学是国内外学徒制数字化实践的共同特点。在数字化实践过程中,学校和企业应该合作制定实践教学的计划和策略。学校可以根据实际情况为学生提供实习场地,配备必要的设备设施,安排合适的时间,组织学生参与到生产实践活动中。同时,企业也应派出具有丰富经验的导师对学生进行专业指导和培训,以确保学生能够有效地完成工作职责,并提升职业素质和市场竞争力。

### (六)构建开放共享的教育生态系统

在数字化时代,开放共享的教育生态系统已成为教育发展的重要趋势之一。例如,欧盟的“伊拉斯谟+”项目通过跨国合作促进教育资源的共享与交流,中国的职业教育集团则通过校企合作和产教融合等方式构建开放共享的教育生态系统。

欧盟的“伊拉斯谟+”项目是一个加强欧洲各国间教育交流和合作的跨国教育合作项目,其主要目的是提高欧洲成员国在教育领域的竞争力,提升学生的就业能力及国际竞争力。该项目通过资金援助和政策优惠等手段,激励欧洲各国的高等教育机构、职业学院和企业参与跨国合作和交流。目前,这个项目已形成一系列政策文件并取得良好效果。此外,该项目还创建了数个国际教育平台,旨在加强教育资源的共享和交流。以欧洲职业教育与培训平台Europass为例,它为欧洲各国的学生提供了一个关于职业教育和培训的信息交流平台。在这个平台上,来自世界各地的学生可以免费获得相关的技能训练或实习机会。这个平台不仅为学生提供了丰富的课程资源和就业信息,还加强了欧洲各国在职业教育和培训方面的合作与交流。

开放共享是国内外数字化实践的成功经验。通过建立一个开放共享的教育生态环境,学徒制能够更好地优化和高效地利用教育资源。在数字化实践过程中,可从教学组织形式、学习模式、教学资源、考核方式四个方面构建开放共享的学徒制教育生态体系,各方都有机会共同拟定学徒培养计划、开发课程资源和建立实训基地,有助于深化协同育人,提升人才培育质量。

## 二、国内外学徒制数字化实践的经验启示

### (一)技术驱动是关键

从国内外学徒制数字化的成功实践来看,技术被认为是学徒制向更高层次转型和升级的决定性因素。目前,我国在学徒制实施过程中存在着对信息化技术认识不足、缺乏有效整合、专业教师数量少等问题,制约了学徒制向纵深方向发展。在未来的发展道路上,应持续加强对信息技术在学徒制教育中应用和研究的力度,不断挖掘新技术和新应用在教育领域的巨大潜力和价值。在此基础上,还需要强调技术与教育之间的紧密结合,以确保技术真正满足教育的目标和学生的实际需求。

### (二)深化校企合作是核心

校企合作不仅是学徒制教育的核心支柱,也是产教融合的关键路径。在数字化实践过程中,加强学校与企业的合作不仅可以提高教学质量,还可以推动企业和学校实现双赢。学徒制应努力打造以校企合作为核心的教育模式,增进学校与企业间的交流与协作,共同制定人才培训计划、开发教学资源并建立实训基地。此外,还可以借助信息化技术,为学徒提供更加优质的教学环境,使其更好地融入社会生产生活之中。在此基础上,要重视构建长效合作机制,以确保校企合作的持续性和稳定性。

### (三)深化数字化教学资源的整合与应用

学徒制应该更加深入地整合和应用数字化教学资源,确保更多的高质量资源被整合应用于数字化教学平台。在具体建设过程中,要充分考虑学校的实际情况,合理规划数字化教学资源的数量以及结构,并根据学生学习特点进行调整。同时,要重视资源的更新和维护,以确保资源的及时性和精确度。在此基础上,可尝试建立“一站式”服务平台,以实现数字学习资源共享和信息共享,促进教育信息化的发展。还可以考虑将人工智能、大数据等

前沿技术融入数字化教学资源中，提高资源的智能化程度和个性化服务能力。

### （四）拓展在线学习平台的应用场景和功能

在线学习平台作为学徒制向数字化转型的关键载体，在实际应用中的场景和功能需要持续地进行扩展和优化。除了提供丰富的课程资源和互动的交流场所，还可以尝试将在线学习平台与企业的实际工作流程相融合，以实现学徒在线学习和实际工作之间的无缝连接。在这种模式下，可根据不同类型的生产岗位需求，开发具有针对性的教学模块或实训项目。此外，还可以进一步强化在线学习平台的智能化，如为学徒提供基于数据的个性化学习建议等。

### （五）强化政策支持和资金投入的引导作用

在推进学徒制数字化转型的过程中，政府应该扮演更为主动的导向角色。为了给职业学院和企业提供更为稳固的支持和保障，需要制定更为强有力的政策文件并增加资金的注入。此外，还需要加大政策的宣传和指导力度，以增强社会各阶层对学徒制数字化转型的理解和关注。政府应当积极制定专门的法规或条例，以规范和指导校企合作行为，并将其纳入法治化轨道，确保职业教育信息化水平持续提升。此外，可以考虑采取多样化的投资策略，并激励社会资金参与到学徒制数字化转型中。

### （六）注重学徒的个性化培养与精准化教学

数字化时代，个性化和精准化已经成为教育革新的重要发展方向。以互联网为代表的现代信息技术为学徒制带来了新契机。从国内外学徒制数字化实践探索经验可知，应该重视收集和分析学生的学习数据，深入了解他们的学习需求和兴趣点，并为他们量身打造合适的学习计划和路径。此外，还应该构建一个精确的教学评估和反馈系统，以便及时为学生提供针对性的指导和建议。借助互联网技术，实现在线自主选择课程、线上预约学习、线下交流讨论等多种方式相结合的混合式教学模式，能够有效地激发学生的学习热情，并有助于提升他们的学习成效。

### （七）强化实践教学与情境教学

实践教学和情境教学是学徒制教育的关键组成部分。当前，我国职业院校开展了许多基于互联网技术的数字实训项目。在进行数字化教学实践时，应该进一步加强实践教学与情境教学的融合，通过开发虚拟仿真教学软件和建立在线实训平台等多种方式，为学生提供更多的实践机会和情境体验。同时，要注重对学生学习兴趣的引导，鼓励学生积极参与实践，以帮助他们更好地掌握职业技能。将实践教学与情境教学相结合，不仅可以提高学生的实际操作技能和职业修养，还可以提高他们在工作中的适应性和创新思维。

### （八）构建开放共享的教育生态系统

构建开放共享的教育生态系统是实现学徒制可持续发展的关键。在这一生态系统中，政府、学校、企业、行业协会等多方主体应共同参与学徒制的建设与发展，形成合力，推动学徒制的数字化转型与升级。同时，应注重建立资源共享和利益共享的机制，确保各主体之间的合作能够持续进行并取得实效。此外，还应加强国际交流与合作，借鉴先进经验和技术成果，推动学徒制教育的国际化发展。

# 第三章 湖南省特色学徒制数字化平台的构建

## 第一节 湖南省特色学徒制数字化平台现状

党的二十大报告明确提出:“推进教育数字化,建设全民终身学习的学习型社会、学习型大国。”湖南省积极响应国家号召,将数字化融入职业教育特别是现代学徒制中,旨在通过数字化手段优化教学资源配置,提升教学效率和效果,培养更多符合市场需求的高素质技能人才。

湖南省出台了一系列政策文件,如《关于深化职业教育教学改革全面提升人才培养质量的实施意见》,明确提出要依托省级示范特色专业群,积极开展校企联合招生、联合培养、一体化育人的现代学徒制改革试点。同时,湖南省还加大了对职业教育数字化建设的投入,为学徒制数字化提供了有力保障。

湖南省在学徒制数字化教学模式创新方面也进行了积极探索。通过引入数字孪生、虚拟现实、人工智能等先进技术,实现了教学过程的可视化、互动化和智能化。例如,在工业机器人系统操作员培训中,利用数字孪生技术模拟真实工作环境,使学员能够在虚拟环境中进行反复练习和调试,提高了操作技能和熟练度。

### 一、湖南省特色学徒制数字化平台

#### (一)平台概览

湖南省在推动学徒制数字化平台建设方面,积极响应国家关于教育数字化的号召,结合湖南省教育实际,构建了一些数字化平台。这些平台旨在提升学徒制教育的效率和质量,促进产教融合、校企合作,为培养高素质技能型人才提供有力支撑。

湖南职业教育智慧教育平台(https://vocational.hunan.smartedu.cn)是一个重要的数字化平台。该平台形成了集教学、实训、评价于一体的数字化教学体系。通过该平台,学生可以享受到丰富的学习资源和便捷的学习服务,同时可以与企业导师进行实时交流和互动,促进了产教融合和校企合作。

湖南省还建设了一些具有特色的数字化平台,如百分网、成才知心网、好考网等。这些平台在职业技能培训领域具有较高的知名度和影响力,为学徒制的实施提供了多样化的学习资源和培训服务。例如,百分网提供营养配餐员、车工、中式烹调师等职业特色课程,成才知心网则涵盖室内装饰设计师、广告设计师、电子商务师等职业特色课程。这些平台通过线上教学、在线测评等方式,为学徒提供了灵活多样的学习方式。

湖南省学徒制试点学校初步展开了线上学徒制探索。大多数试点学校通过官方网站或教务处平台发布与现代学徒制相关的政策文件、实施方案、教学动态、学生作品展示等内容。这些平台是了解学校现代学徒制试点情况的重要窗口。

### (二)平台分析

湖南省特色学徒制数字化平台普遍采用云计算、大数据、人工智能等先进技术,确保平台的稳定性、安全性和可扩展性。平台支持多终端访问,包括PC端、移动端等,方便用户随时随地进行学习。

平台优化了教学资源管理,整合了丰富的教学资源,包括视频课程、教学课件、实训项目等,支持资源的上传、下载、分享和评价;采用在线教学形式,支持直播授课、录播回放、在线互动等功能,实现了师生之间的实时交流和反馈;积极开展学习评价,通过数据分析技术,对学生的学习进度、成绩和表现进行综合评价,为教师提供科学的教学指导;引入实训模拟,部分平台提供虚拟仿真实训功能,让学生在虚拟环境中进行技能操作和实践,提高实训效果和安全性。

湖南省特色学徒制数字化平台在提升教学质量、促进产教融合、培养学生实践能力等方面取得了显著成效。通过数字化手段,实现了教学资源的共享和优化配置,提高了教育资源的利用效率。同时,平台还为学生提供了更加便捷、高效的学习方式,激发了学生的学习兴趣和积极性。

尽管湖南省特色学徒制数字化平台建设取得了一定成绩,但仍存在一些问题和挑战。目前已运行的部分平台功能不够完善、用户体验有待提升、校企合作深度不够、教学资源共享机制不健全等。针对这些问题,建议采取以下措施加以改进:一是加强技术研发和创新,持续投入资金和人力资源,加大技术研发和创新力度,提升平台的稳定性和功能性;二是深化校企合作,加强职业院校与企业的深度合作和交流,共同开发优质的教学资源和实训项目,实现资源共享和优势互补;三是优化用户体验,注重用户体验设计和反馈收集工作,及时调整和完善平台功能和服务内容,提高用户满意度和忠诚度;四是完善政策支持体系,加大政策引导和支持力度,制定相关政策和措施,鼓励企业和社会力量参与数字化平台建设和运营工作。

## 二、湖南省特色学徒制数字化平台的经验与不足

在湖南省教育改革与创新的进程中,学徒制数字化成为推动职业教育高质量发展的重要力量。通过深入调研分析湖南省特色学徒制数字化的现状与成果,结合已有的学徒制数字化平台,阐述其成功经验以及挑战与不足。

### (一)成功经验

#### 1.政策引领与战略规划

湖南省积极响应国家关于教育现代化的号召,将教育信息化2.0试点省建设和教育数字化转型置于重要位置,出台《湖南省“互联网+教育”行动计划(2019—2022年)》等政策文件,明确了教育数字化转型的方向和目标,为学徒制数字化提供了坚实的政策保障。此外,湖南省还制定了“两步走”战略,通过培育教育数字化新势力,倒逼传统教育进行数字化转型,有效推动

了学徒制的创新发展。

2.数字化平台建设与应用

湖南省在学徒制数字化工作中，构建了多个功能完善、操作便捷的数字化平台。这些平台不仅支持在线课程学习、远程实训操作，还提供了数据分析、学情监控等高级功能，极大地提升了教学效率和教学质量。例如，“湘教云”数字资源新体系集成了丰富的教育资源和教学工具，为学徒提供了多样化的学习路径和个性化的学习体验。同时，通过平台的数据分析功能，教师可以精准掌握学徒的学习情况，及时调整教学策略，实现因材施教。

3.校企合作与资源共享

湖南省在学徒制数字化工作中，注重校企之间的深度合作与资源共享。通过建立“上联名校、下联村小”的城乡数字教育共同体，湖南省推动了线上线下结合、优质资源共享的数字教育均衡体系建设。在学徒制领域，这种合作模式使得企业能够深度参与到学徒的培养过程中，提供真实的工作环境和实践机会。同时，学校也能够借助企业的资源和技术优势，提升学徒的专业技能和职业素养。这种双赢的合作模式为学徒制数字化工作注入了新的活力。

4.教师数字素养与技能培训

湖南省高度重视教师的数字素养与技能提升。通过统一规范教师数字技术能力标准、完善新时代教师资格认证体系等措施，湖南省构建了分层分类、内容全面的教师数字素养培训体系。同时，通过教学竞赛、评奖评优等激励机制鼓励教师广泛采用数字化教学手段，全面推动数字教育进课堂、进教材、进头脑。这些措施不仅提升了教师的数字素养和技能水平，也为学徒制数字化提供了有力的人才保障。

（二）不足与挑战

1.平台功能不够完善

尽管湖南省在学徒制数字化工作中已经构建了多个数字化平台，但部分平台在功能上仍存在一定不足。例如，部分平台在用户界面设计和交互体验等方面有待提升，部分平台在数据分析和学情监控方面还不够完善，难以满足教师和学徒的多样化需求。此外，平台间的互操作性和数据共享机制也有待加强，以实现更高效的资源整合和共享。

**2.数字化资源质量参差不齐**

在数字化资源方面，湖南省虽然取得了一定成果，但仍存在资源质量参差不齐的问题。部分数字化资源内容陈旧、形式单一，难以吸引学徒的学习兴趣；部分资源在制作过程中缺乏专业性和规范性，影响了教学效果。此外，数字化资源的更新和维护也面临一定挑战，需要投入大量的人力和物力。

**3.教师数字技能有待提升**

尽管湖南省在提升教师数字素养和技能方面做出了积极努力，但仍有部分教师在数字技能方面存在不足。这些教师可能缺乏足够的数字化教学经验和技能储备，难以充分利用数字化平台进行教学创新和实践。此外，部分教师对于数字化教学的认识和态度也存在一定偏差，需要进一步加强引导和培训。

**4.校企合作深度不够**

在学徒制数字化工作中，校企合作是不可或缺的重要环节。然而，目前湖南省在校企合作方面仍存在深度不够的问题。部分企业在参与学徒制试点工作时缺乏足够的责任感和积极性，导致校企合作难以深入开展。此外，校企之间的沟通协调机制也不够健全，难以有效解决合作过程中出现的问题和困难。

**5.政策支持与保障不足**

尽管湖南省在政策方面为学徒制数字化工作提供了一定的支持，但仍有部分政策需要进一步完善和落实。例如：在资金保障方面，部分学校和企业在数字化平台建设和资源开发方面面临资金短缺的问题；在政策支持方面，部分政策在落地实施过程中存在执行力度不够、监管不到位等问题。这些问题都制约了学徒制数字化工作的深入推进和发展。

## 第二节 湖南省特色学徒制数字化平台的构建原则

湖南省特色学徒制数字化平台的构建原则涵盖技术、教育、管理、安全等多个维度，确保平台能够全面支撑湖南省特色学徒制的实施与发展。

### 一、开放获取原则

在数字化时代，教育资源的开放获取已成为推动教育公平、促进知识共享与创新的重要途径。构建湖南省特色学徒制数字化平台，必须将开放获取原则置于核心地位，以确保平台能够打破传统教育资源的壁垒，实现教育资源的广泛传播与高效利用。

#### （一）理论背景与意义

开放获取是指学术资源（如期刊论文、学位论文、图书章节、教学资料等）通过互联网免费向公众开放，允许用户无限制地阅读、下载、复制、分发、打印、搜索、链接到这些资源，以及为这些资源创建索引、摘要，或以其他方式传递资源。这一理念自20世纪末提出以来，迅速在全球范围内得到广泛认可和推广，成为推动学术交流和知识共享的重要力量。

在教育领域，资源的开放获取对于促进教育公平、提升教育质量、激发创新活力具有重要意义。首先，开放获取能够打破地域、经济、文化等因素的限制，使更多人有机会接触到优质教育资源，缩小教育差距，实现教育公平。其次，开放获取有助于促进教育资源的共享与复用，减少重复建设，提高资源利用效率。最后，开放获取能够激发教育创新，鼓励师生利用开放资源进行教学改革和科研探索，推动教育事业的持续发展。

### (二)实施策略

#### 1.制定开放获取政策与标准

为确保数字化平台资源的开放获取,需要制定明确的政策与标准。政策方面,应明确资源的开放范围、开放程度、版权归属及使用方式等。标准方面,应制定统一的资源描述、分类、检索和引用规范,确保资源的可发现性、可访问性和可重用性。

#### 2.加强资源建设与整合

资源是数字化平台的核心,要加强资源的建设与整合工作。一方面,应鼓励师生积极参与资源的创作与贡献,形成丰富的原创资源;另一方面,应加强与外部资源的合作与共享,引入高质量的外部资源,丰富平台内容。同时,还要对资源进行科学分类和有效管理,确保资源的易获取性和易用性。

#### 3.提升平台技术支撑能力

技术是实现资源开放获取的重要保障,要不断提升平台的技术支撑能力。具体而言,应采用先进的云计算、大数据、人工智能等技术手段,优化平台架构和性能;应提供丰富的接口和开发工具,支持第三方应用的接入和集成;应加强平台的安全防护和备份恢复机制建设,确保平台的安全稳定运行。

#### 4.加强宣传与推广

宣传与推广是扩大平台影响力和提高资源利用率的重要手段,要采取多种方式加强平台的宣传与推广工作。例如,可以通过举办线上线下活动、发布新闻稿、利用社交媒体等提高平台的知名度和影响力,可以邀请专家学者、行业领袖等撰写专栏文章或进行直播讲座等吸引用户关注和参与,可以与相关机构和组织建立合作关系共同推广平台等。

## 二、可拓展性原则

在构建湖南省特色学徒制数字化平台的过程中,可拓展性是确保平台能够随着技术进步、教育需求变化以及学徒制模式创新而持续发展的关键因素。一个具备高度可拓展性的平台，不仅能够灵活应对当前的需求，还能为未来可能出现的新功能、新服务预留接口和空间，从而保持平台的生命力和竞争力。

## (一)可拓展性原则的内涵与重要性

### 1.可拓展性原则的内涵

可拓展性原则，简而言之，是指系统或平台在设计之初就考虑到未来可能的变化和增长，通过模块化设计、标准化接口、灵活的数据架构等手段，使得系统或平台能够轻松地添加新功能、扩展容量或与其他系统无缝集成，而不需要对原有结构进行大规模修改或重建。

### 2.可拓展性原则的重要性

在数字化时代，技术的快速发展和需求的不断变化要求平台必须具备高度的可拓展性。对于湖南省特色学徒制数字化平台而言，可拓展性原则的重要性主要体现在以下几个方面：第一，适应技术变革。随着云计算、大数据、人工智能等技术的不断成熟和应用，平台需要能够迅速集成这些新技术，以提升平台的性能和用户体验。第二，满足多样化需求。不同行业、不同企业对学徒制的具体需求各不相同，平台要能够灵活调整，满足不同用户的多样化需求。第三，促进资源共享与整合。通过可拓展性设计，平台可以更加便捷地与其他教育资源平台、企业信息系统等进行对接和整合，实现资源的共享与互补。第四，降低维护成本。具备高度可拓展性的平台在升级和扩展时，可以最大限度地减少对现有系统的干扰和影响，从而降低维护成本和时间成本。

## (二)可拓展性原则的实施策略

### 1.模块化设计

模块化设计是可拓展性的核心。将平台划分为多个相对独立、功能明确的模块，使得每个模块都可以独立开发、测试和维护，同时又能通过标准化的接口与其他模块进行交互。这样,当需要添加新功能或修改现有功能时,只需对相应的模块进行调整,而无需对整个平台进行重构。

**2.标准化接口**

标准化接口是实现模块间无缝集成和互操作的关键。在平台设计之初,应制定统一的接口标准和规范,确保不同模块、不同系统之间能够顺畅地进行数据交换和通信。同时,还应考虑接口的兼容性和可扩展性,以便在未来能够轻松地接入新的模块或系统。

**3.灵活的数据架构**

数据是平台运行的核心。一个灵活的数据架构能够支持多种数据类型和存储方式,同时能够方便地进行数据迁移和扩展。在构建平台时,应采用分布式数据库、NoSQL数据库等,以提高数据的可扩展性和可用性。同时,还应设计合理的数据模型和索引策略,以优化查询性能和数据一致性。

**4.云服务与微服务架构**

云服务提供了弹性可扩展的计算资源和存储资源,使得平台能够根据需要动态调整资源分配。微服务架构则将大型应用拆分为一系列小型服务,每个服务都运行在独立的进程中,并通过轻量级的通信机制进行交互。这种架构方式不仅提高了系统的可维护性和可扩展性,还增强了系统的容错能力和响应速度。

**5.持续的迭代与优化**

可拓展性需要通过持续的迭代与优化来实现。在平台运营过程中,应密切关注用户需求和技术发展趋势,及时调整平台的功能和架构。同时,还应建立完善的反馈机制,收集用户反馈和意见,以便对平台进行持续改进和优化。

## 三、真实性原则

在数字化时代,信息的真实性与准确性是所有平台或系统得以立足和发展的基石。对于湖南省特色学徒制数字化平台而言,真实性是其构建过程中的重要原则。

## (一)真实性原则的内涵与重要性

### 1.真实性原则的内涵

真实性原则,简而言之,是指平台在收集、处理、展示信息时,必须确保信息的真实性、准确性和完整性,避免虚假、误导或夸大其词的内容出现。这要求平台在内容生产、审核、发布等各个环节都严格遵守相关法律法规和道德规范,确保信息的真实可靠。

### 2.真实性原则的重要性

在湖南省特色学徒制数字化平台的构建中,真实性原则的重要性不言而喻,它直接关系到平台的信誉度、用户满意度以及社会影响力。具体而言,真实性原则的重要性体现在以下方面:第一,保障用户权益。真实的信息是用户作出决策的重要依据。如果平台提供的信息不真实,将直接损害用户的权益,导致用户信任度下降,进而影响平台的长期发展。第二,提升平台价值。一个以真实性为基石的平台,能够吸引更多真实、有价值的用户和内容创作者,形成良性循环。这些真实的内容和用户互动将进一步提升平台的价值和社会影响力。第三,促进教育公平。学徒制作为一种重要的职业教育模式,其数字化平台的真实性直接关系到教育资源的公平分配。只有确保信息的真实性,才能让更多学徒获得准确、有效的学习资源和机会,促进教育公平。第四,符合法律法规要求。在数字化时代,信息传播的速度和范围前所未有,平台必须严格遵守相关法律法规对信息真实性的要求,否则将面临法律风险和处罚。

## (二)真实性原则的实施策略

### 1.建立严格的信息审核机制

为了确保平台信息的真实性,必须建立严格的信息审核机制。包括:设立专门的审核团队或机构,对平台上的所有信息进行逐一审核;制定明确的审核标准和流程,确保审核工作的规范性和一致性;采用先进的技术手段辅助审核工作,如人工智能算法、大数据分析等,提高审核效率和准确性。

**2.强化用户自律与责任**

用户是平台信息的主要生产者和传播者,强化用户自律与责任是保障信息真实性的重要手段。平台可以通过制定用户行为规范、加强用户教育引导、建立用户信用体系等方式,增强用户的自律意识和责任感。对于违反真实性原则的用户行为,平台应给予相应的处罚和警示,以维护平台的良好秩序。

**3.加强与权威机构的合作**

权威机构通常具有较高的公信力和专业性,与权威机构建立合作关系,可以为平台提供真实、可靠的信息来源和认证服务。例如,平台可以与教育部门、行业协会、科研机构等权威机构合作,共同制定行业标准、认证流程等,确保平台上的信息符合行业规范和标准。

**4.引入第三方监督机制**

第三方监督机制是保障平台信息真实性的重要外部力量。平台可以邀请第三方机构或专家对平台上的信息进行定期或不定期的抽查和评估,以发现潜在的问题和风险。同时,平台还可以设立举报渠道和奖励机制,鼓励用户和社会各界积极参与监督工作,共同维护平台的真实性和公信力。

## 四、协同创新原则

在数字化浪潮中,单一主体的发展模式已难以满足快速变化的市场需求和技术革新。对于湖南省特色学徒制数字化平台而言,协同创新不仅是提升平台竞争力的关键,也是推动学徒制教育模式创新、实现可持续发展的必由之路。

### (一)协同创新原则的内涵

协同创新原则强调在平台构建过程中,打破传统界限,促进不同领域、不同主体之间的深度合作与资源共享，通过知识、技术、资源等方面的融合创新，共同推动平台功能的完善和服务质量的提升。这一原则体现了开放合作、互利共赢的理念，是推动平台高质量发展的核心动力。

协同创新原则的构成要素包括多方面。第一，多元主体参与，即政府、企业、学校、科研机构、行业协会以及用户等多元主体共同参与平台的构建和运营。第二，知识和技术融合，即促进不同领域的知识和技术在平台上的交流、碰撞和融合，形成新的创新点和增长点。第三，资源共享互补，即实现数据、信息、人才、资金等资源的共享和互补，提高资源利用效率，降低创新成本。第四，机制体制创新，即构建适应协同创新需求的组织架构、管理模式和激励机制，为协同创新提供有力保障。

### （二）协同创新原则的实施路径

#### 1.构建开放合作的生态体系

平台应积极构建开放合作的生态体系，通过与其他平台、企业、学校等建立战略合作关系，实现资源共享、优势互补和互利共赢。同时，鼓励用户参与平台的创新过程，通过用户反馈和创意征集等方式，不断优化平台功能和用户体验。

#### 2.推动产学研深度融合

产学研深度融合是协同创新的重要形式之一。平台应加强与科研机构、高等学校的合作，共同开展学徒制相关的理论研究、技术研发和人才培养等工作。通过设立联合实验室、研发中心等机构，推动科技成果的转化和应用，为平台提供持续的技术支持和智力保障。

#### 3.引入市场机制促进创新

市场机制在资源配置和激励创新等方面具有独特优势。平台应引入市场机制，通过竞争合作、优胜劣汰等方式，激发各主体的创新活力。同时，应建立合理的利益分配机制，保障各主体的合法权益，实现共赢发展。

#### 4.强化政策支持与引导

政府作为政策制定者和监管者,在推动协同创新方面具有重要作用。平台应积极争取政府的支持,争取政策优惠和资金扶持。同时,应加强与政府部门的沟通协调,及时反馈平台发展中遇到的问题和困难,争取政府部门的帮助和支持。

## 五、沟通反馈原则

在构建湖南省特色学徒制数字化平台的过程中,沟通反馈扮演着至关重要的角色,它不仅是确保平台与用户之间有效互动的关键,也是平台持续优化、迭代升级的重要驱动力。

### (一)沟通反馈原则的内涵

沟通反馈原则是指在平台构建与运营过程中,通过建立高效、畅通的沟通渠道和反馈机制,确保平台与用户、各参与主体之间能够及时进行信息交流、意见征询和问题解决,既有利于平台对用户需求的精准把握和快速响应,也有利于用户对平台功能、服务质量的评价与建议的收集与分析。

沟通反馈原则的重要性体现在以下方面:第一,提升用户体验。通过及时收集用户反馈,平台可以更加精准地了解用户需求,从而优化功能设计,提升服务质量,为用户带来更加便捷、高效、满意的体验。第二,促进平台迭代升级。用户反馈是平台迭代升级的重要参考依据。通过持续收集和分析用户反馈,平台可以发现存在的问题和不足之处,进而制定针对性的改进措施,推动平台不断完善和发展。第三,增强用户黏性。良好的沟通反馈机制可以增强用户的参与感和归属感,使用户更加愿意在平台上分享自己的经验和建议。这种积极的互动氛围有助于提升用户黏性,促进平台的长期发展。第四,构建良好生态。沟通反馈原则有助于构建一个开放、包容、互动的平台生态。在这个生态中,各参与主体可以畅所欲言、相互学习、共同进步,共同推动平台向更高水平发展。

## (二)沟通反馈原则的实施策略

### 1.建立多元化沟通渠道

为了满足不同用户的需求和习惯,平台应建立多元化的沟通渠道。沟通渠道包括但不限于在线客服、电话热线、电子邮件、社交媒体、用户论坛等。通过这些渠道,用户可以方便快捷地与平台进行沟通交流,发表自己的意见和建议。

### 2.设计易用的反馈系统

为了鼓励用户积极参与反馈,平台应设计易用的反馈系统。反馈系统应具备以下特点:一是操作简便,用户无需复杂步骤即可提交反馈;二是界面友好,能够引导用户清晰表达自己的意见和建议;三是实时响应,系统能够即时接收并处理用户反馈,给予用户及时反馈。

### 3.强化数据分析与挖掘

收集到的用户反馈数据是宝贵的资源,平台应充分利用数据分析技术,对用户反馈进行深入挖掘和分析。通过数据分析,平台可以发现用户需求的共性和差异性,识别潜在的问题和机会,为平台的优化和升级提供有力支持。

### 4.建立快速响应机制

对于用户反馈的问题和建议,平台应建立快速响应机制,包括明确响应时间和处理流程、设立专门的客服团队或部门负责处理用户反馈等。通过快速响应机制,平台可以及时解决用户问题,回应用户关切,提升用户满意度和信任度。

### 5.定期举办用户交流会

除了线上沟通渠道外,平台还可以定期举办用户交流会等线下活动。这些活动为用户提供了一个面对面交流的平台,使他们能够更直接地表达自己的想法和建议。同时,这些活动也有助于平台了解用户的真实需求和期望,为平台的改进和创新提供灵感和方向。

**6.隐私保护与数据安全**

在收集和处理用户反馈的过程中,可能会涉及用户的隐私信息和数据安全问题,这是平台必须高度重视并妥善解决的问题之一。为应对这一问题,平台可以采取以下策略:一是加强用户隐私保护教育,引导用户自觉遵守隐私保护规定;二是建立完善的数据安全管理制度和技术防护措施,确保用户数据的安全性和完整性;三是与第三方机构合作进行数据安全评估和认证,提高用户对平台数据安全的信任度。

## 第三节 湖南省特色学徒制数字化平台的定位与规划

在湖南省全面推进职业教育和技能人才培养的大背景下,现代学徒制作为一种创新的职业教育模式日益受到重视。现代学徒制通过校企深度合作,实现了教育链、人才链与产业链、创新链的有效衔接,是深化产教融合、校企合作的重要途径。随着信息技术的飞速发展,数字化平台成为支撑现代学徒制高效运行的重要基础设施。构建湖南省特色学徒制数字化平台,对于推动职业教育高质量发展、加快技能人才队伍建设具有重要意义。

### 一、服务宗旨

湖南省特色学徒制数字化平台以"服务学徒职业教育,助力技能人才培养"为宗旨,通过数字化手段优化学徒培养流程,提升教学质量和管理效率,促进校企双方资源共享、优势互补,实现学徒从理论学习到实践操作的无缝对接。

### 二、平台功能

平台功能包括信息化管理、教学资源共享、技能评价认证及就业服务对接。信息化管理功能主要是实现学徒从招生、培养到就业的全过程信息化管理,提高管理效率和透明度。教学资源共享功能旨在整合校企双方的教学资源，形成线上线下相结合的教学模式，丰富学徒学习体验。技能评价认证功能指建立科学的技能评价体系，对学徒的学习成果进行客观评价，颁发相应证书。就业服务对接功能则是指搭建企业与学徒之间的就业服务平台，促进学徒高质量就业。

## 三、目标用户

湖南省特色学徒制数字化平台的目标用户包括学徒、企业、职业院校及政府部门等。学徒通过平台获取学习资源，参与在线学习，完成实训任务，提升职业技能。企业利用平台发布人才需求信息，参与学徒培养，共享教学资源，实现人才储备。职业院校依托平台开展校企合作，优化教学计划，提升教学质量，扩大社会影响力。政府部门通过平台监管学徒培养过程，评估培养效果，制定相关政策措施。

## 四、规划原则

首先，平台建设应确保统筹规划，分步实施。平台建设应立足湖南省职业教育发展现状，统筹规划，明确建设目标、任务和步骤，分阶段、分步骤推进实施。其次，平台建设要加强校企合作，共建共享。平台应充分发挥校企双方的积极性，建立紧密的合作关系，共同开发教学资源，共享平台成果，实现互利共赢。再次，平台建设要注重技术创新，智能服务。平台应采用先进的信息技术，如大数据、云计算、人工智能等，提高平台的智能化水平，为学徒、企业、职业院校和政府部门提供便捷、高效的服务。最后，平台建设要强调信息安全，保障隐私。平台应建立健全信息安全保障体系，加强数据管理和保护，确保用户信息安全和隐私保护。

## 五、预期目标

提升教学质量是首要目标。通过数字化平台，实现教学资源的共享和优化配置，提高教学内容的针对性和实效性，从而提升教学质量和效果。

扩大培养规模是经济目标。利用平台的招生管理功能,吸引更多企业和学徒参与现代学徒制培养项目,扩大培养规模,满足社会对技能人才的需求。

促进就业创业是根本目标。通过平台的就业服务模块,为学徒提供精准的就业指导和岗位推荐服务,促进学徒高质量就业。同时,鼓励学徒创新创业,为社会经济发展注入新活力。

推动产教融合是重要目标。通过平台的校企合作功能,深化产教融合、校企合作机制建设,推动校企双方在人才培养、技术创新等方面的深度合作与共赢发展。

提升社会影响力是关键目标。通过平台的宣传推广和示范引领作用,提升湖南省职业教育和技能人才培养的社会影响力和知名度,为打造职业教育强省和技能人才高地贡献力量。

## 六、技术选型

技术选型不仅决定了平台的性能、稳定性和可扩展性,还直接影响到用户体验和后续维护的难易程度。在进行技术选型时,需要综合考虑平台的需求、技术发展趋势、成本效益以及团队的技术储备等多方面因素。

### (一)基础设施技术

#### 1.云计算技术

采用云计算技术(如阿里云、腾讯云等)构建平台的基础设施,提供高可用、可扩展的计算资源、存储资源和网络资源。云计算技术能够降低平台的运维成本,提高资源的利用率,并支持平台的快速扩展。

#### 2.虚拟化技术

利用虚拟化技术实现计算资源、存储资源和网络资源的虚拟化,提高资源的灵活性和可管理性。虚拟化技术还可以实现资源的快速部署和迁移,支持平台的灵活扩展和故障恢复。

## (二)软件开发技术

### 1.微服务架构

采用微服务架构来设计和开发平台,将平台拆分成多个独立的服务模块,每个模块负责完成特定的业务功能。微服务架构可以提高平台的可维护性、可扩展性和可测试性,同时降低系统间的耦合度。

### 2.前后端分离技术

采用前后端分离技术构建平台的用户界面和后台服务。前端采用现代化的前端框架来实现用户界面的交互和展示;后端采用 RESTful API 或 GraphQL 等技术来提供数据接口和业务逻辑处理。前后端分离技术可以提高开发效率,降低开发成本,提升用户体验。

### 3.数据库技术

选择适合平台需求的数据库技术,实现数据的存储、查询和管理。根据平台的数据量、查询性能和数据一致性要求等,选择合适的数据库架构和索引策略。

## (三)安全技术

### 1.数据加密技术

采用数据加密技术来保护平台敏感数据的安全性。对存储在平台上的用户信息、交易数据等敏感数据进行加密处理,确保数据在传输和存储过程中的安全性。

### 2.身份认证与授权技术

采用身份认证与授权技术来确保平台用户身份的真实性和合法性。通过严格的身份认证和授权机制,防止未授权用户访问平台资源或执行敏感操作。

### 3.安全审计与日志管理技术

建立安全审计和日志管理机制，对平台上的操作进行记录和监控。通过安全审计和日志管理技术，及时发现并处理潜在的安全威胁和漏洞。

## （四）其他技术

### 1.大数据技术

利用大数据技术对平台上的海量数据进行处理和分析，通过数据挖掘、机器学习等技术手段，发现数据的潜在价值和规律，为平台决策和优化提供支持。

### 2.人工智能技术

引入人工智能技术（如自然语言处理、机器学习等）来提升平台的智能化水平。通过智能推荐、智能评估等功能，为用户提供更加个性化、精准化的服务。

总之，技术选型应根据平台的具体需求、预算和团队技术能力等因素进行综合考虑和决策。随着技术的不断发展和更新换代，平台的技术选型也需要不断地进行调整和优化。

# 七、内容开发

在湖南省特色学徒制数字化平台的规划与建设中，内容开发是核心环节之一，它直接关系到平台能否有效支撑学徒制的实施，以及满足学徒、教师、企业及教育管理者的多元化需求。

## （一）明确内容定位与目标

平台内容应紧密围绕学徒制教育的核心要素，包括但不限于职业技能培训、工作场景模拟、职业素养提升等方面。同时，结合湖南省的地域特色和产业需求，开发具有地方特色的学徒制教育内容。基于需求分析结果，设定平台内容开发的目标。这些目标应涵盖提升教学质量、增强学徒实践能力、促进校企合作、优化教学管理等方面,确保平台内容能够全面支撑学徒制的实施。通过设定具体、可量化的目标,为内容开发提供明确的方向。内容规划的前提是进行需求分析。内容规划之前需要进行全面的需求分析,明确平台用户群体(学徒、教师、企业导师、教育管理者等)的具体需求。通过问卷调查、访谈、座谈会等方式收集意见,了解他们在学徒制实施过程中痛点、难点,以及对于数字化平台的期望与要求。根据目标设定,构建平台的内容框架。内容框架应清晰界定各功能模块及它们之间的关系,确保平台内容结构合理、层次分明、易于理解和使用。

### (二)构建与开发内容体系

进行模块化设计,将平台内容划分为不同的模块,每个模块针对特定的学习目标和技能进行设计。模块化设计有助于实现内容的灵活组合和个性化定制。根据学生的学习进度和认知水平,构建层次化的内容结构,从基础知识到高级技能,逐步引导学生深入学习和实践。开发核心内容与资源,结合湖南省的主导产业和市场需求,开发具有针对性的职业技能培训资源,包括视频教程、在线实训、案例分析等多种形式的教学资源。利用虚拟现实(VR)、增强现实(AR)等技术,构建高度仿真的工作场景模拟环境,学生可以在虚拟环境中进行实践操作和问题解决,提升实践能力。开发职业素养教育资源,包括职业道德、团队协作、沟通能力等方面的内容。通过案例分析、角色扮演等方式,培养学生的职业素养和社会责任感。根据市场需求和技术发展,定期更新平台内容,确保学生接触到最新的职业技能和知识。建立用户反馈机制,收集学生和教师对平台内容的意见和建议,根据反馈结果,不断优化和完善平台内容。

### (三)加强内容合作与共享

加强校企合作,与湖南省内的企业建立紧密合作关系,共同开发具有行业特色的学徒制教育内容。通过校企合作,实现资源共享和优势互补。推动平台内容的开放共享,鼓励其他院校和企业使用平台资源进行教学和培训。通过资源共享,扩大平台的影响力和覆盖面。建立多元化合作机制,推动平台内容建设。争取政府部门的政策扶持和资金投入,为平台内容合作与共享提供有力保障。同时,利用政府资源,搭建校企合作、校际合作平台,促进资源共享。深化与企业的合作,共同开发符合市场需求、贴近企业实际的课程内容和实践项目。企业导师可参与课程设计、教学实施和效果评估等环节,确保教学内容的前沿性和实用性。加强与其他职业院校、高等院校的合作,共享优质教学资源、教学经验和教学成果。通过联合举办教学研讨会、教学竞赛等活动,促进教学理念的交流与碰撞。主动与行业协会、研究机构、培训机构等第三方机构建立合作关系,引入更多专业、权威的内容资源,提升平台的专业性和权威性。

## 第四节 湖南省特色学徒制数字化平台构建设计

### 一、构建思路

数字化时代,教育领域的数字化转型已成为趋势。湖南省作为教育强省,积极响应国家号召,将学徒制与数字化技术深度融合,打造具有地方特色的学徒制数字化平台。

#### (一)构建理念

##### 1.创新驱动发展理念

构建湖南省特色学徒制数字化平台,应确立创新驱动发展理念。平台的建设不仅要关注技术的先进性,更要注重教育模式的创新。通过引入大数据、人工智能、云计算等现代信息技术,打破传统学徒制的时空限制,实现教学内容的个性化、教学方式的多元化和教学评价的智能化。同时,鼓励平台用户(包括学徒、教师、企业导师等)积极参与平台内容的创作与分享,形成开放、协同、创新的生态系统。

### 2.融合发展理念

融合发展理念是构建湖南省特色学徒制数字化平台的重要指导思想。一方面,要推动教育与产业的深度融合,使平台成为连接学校与企业、理论与实践的桥梁。通过与企业合作,共同开发符合市场需求、贴近企业实际的课程内容和实践项目,确保学徒在学习过程中能够掌握实用的技能,提高职业素养。另一方面,要促进线上与线下教育资源的深度融合,形成优势互补、资源共享的教育格局。结合线上学习平台的便捷性和线下实践活动的实操性,为学徒提供更加全面、深入的学习体验。

## (二)目标设定

### 1.明确平台发展目标

湖南省特色学徒制数字化平台的发展目标应明确具体。首先,要构建一个集教学、管理、评价于一体的综合性数字化平台,为学徒提供全方位、个性化的学习服务。其次,要推动学徒制教育模式的创新性发展,形成具有湖南特色的学徒制教育体系。最后,要促进教育资源的均衡分配和共享利用,为偏远地区和弱势群体提供更加公平、优质的教育机会。

### 2.聚焦用户需求

在设定平台发展目标时,必须充分考虑用户需求。通过市场调研、用户访谈等方式收集用户意见和建议,了解用户对平台功能、内容、界面等方面的需求和期望。根据用户需求进行平台设计和功能开发,确保平台能够满足用户的实际需求并提升用户体验。同时,要建立用户反馈机制,及时收集和处理用户反馈意见,不断优化平台功能和服务质量。

### 3.明确界面设计

界面设计是提升用户体验的重要方面。湖南省特色学徒制数字化平台的界面设计应遵循简洁、直观、易用的原则。采用响应式设计技术确保平台在不同设备和浏览器上的兼容性。提供清晰的导航栏和菜单项帮助用户快速找到所需功能。采用友好的交互设计和视觉设计提升用户的操作愉悦感和满意度。

### (三)实施策略

#### 1.前期准备阶段

在平台构建的前期准备阶段，主要任务是进行市场调研、需求分析、技术选型等工作。通过收集用户需求和行业发展趋势信息，明确平台的定位和发展方向。根据用户需求和技术发展趋势选择合适的技术方案和开发工具。组建专业的开发团队并制定详细的项目计划表。

#### 2.平台开发阶段

在平台开发阶段，按照项目计划表逐步推进各项开发任务。首先，进行系统的需求分析和设计工作。然后，按照模块化思想进行代码编写和单元测试。最后，进行系统集成和整体测试工作。在开发过程中要注重代码质量和安全性建设，加强团队成员之间的沟通和协作，确保项目按时按质完成。

#### 3.试点运行阶段

在平台开发完成后进入试点运行阶段。选择部分学校或企业进行试点运行。收集试点用户的反馈意见并进行平台优化，评估平台的性能和稳定性，为全面推广做好充分准备。在试点运行期间，要注重用户体验的改进和平台功能的完善，确保平台能够满足用户的实际需求并提升用户体验。

#### 4.全面推广阶段

在平台试点运行成功并经过充分优化后进入全面推广阶段。通过举办培训会、发布宣传资料等方式向全省范围内的学校和企业推广平台。建立用户服务体系和运维团队，确保平台的正常运行和维护。根据市场需求和用户反馈，不断完善平台功能和服务质量。在全面推广过程中，要注重平台的品牌建设和市场推广，加强与政府、企业等各方面的合作与交流，共同推动湖南省特色学徒制数字化平台的发展壮大。

## 二、系统架构

在湖南省特色学徒制数字化平台构建过程中，系统架构是至关重要的一环，不仅决定了平台的整体结构、功能模块间的交互方式，还直接影响到平台的可扩展性、稳定性、安全性以及用户体验。

### (一)架构设计原则

架构设计原则包括可拓展性、高可用性、安全性、易用性及可维护性。

系统应具备良好的可扩展性，以应对未来用户量增长、功能扩展等需求。采用微服务架构或模块化设计，便于新功能的快速集成和旧功能的迭代升级。确保系统在高并发、高负载情况下仍能稳定运行，提供不间断的服务。通过负载均衡、冗余部署、故障转移等技术手段提高系统的可用性。系统应构建完善的安全防护体系，保护用户数据的安全性和隐私性。采用数据加密、身份认证、访问控制等安全措施，防止数据泄露、非法访问等安全威胁。系统界面应简洁明了，操作流程应直观易懂，确保用户能够轻松上手并高效使用平台功能。系统应具备良好的可维护性，便于开发人员对系统进行日常维护和问题排查。通过日志记录、监控报警、自动化测试等手段提高系统的可维护性。

### (二)总体架构

湖南省特色学徒制数字化平台采用分层设计思想，自上而下分为用户层、应用层、服务层、数据层及基础设施层五个层次。各层次之间通过标准的接口和协议进行通信和交互，实现系统的整体功能和性能要求。

用户层是用户与平台交互的接口，包括Web端、移动端等多种访问方式。用户通过浏览器或移动应用访问平台，进行课程学习、作业提交、互动交流等操作。应用层是平台的核心功能模块集合，包括用户管理、课程管理、学习管理、评价管理、资源管理等子系统。各子系统之间相对独立又相互关联，共同构成平台的完整功能体系。服务层为应用层提供基础服务支持,包括认证授权服务、消息推送服务、文件存储服务等。服务层通过API接口向应用层提供统一的服务调用接口,实现服务的解耦和复用。数据层负责存储和管理平台产生的各类数据,包括用户数据、课程数据、学习数据、评价数据等。采用关系型数据库和非关系型数据库相结合的方式,确保数据的完整性和查询效率。

基础设施层为平台提供底层硬件和网络支持,包括服务器、存储设备、网络设备、安全设备等。通过虚拟化、云计算等技术手段提高资源的利用率和灵活性。

### (三)技术选型

从前端技术来看,可以采用React或Vue等现代前端框架,结合Webpack等构建工具,实现页面的组件化和模块化开发。采用响应式设计技术,确保平台在不同设备和浏览器上的兼容性。就后端技术而言,根据系统需求和技术发展趋势,选择Spring Boot或Django等成熟的后端框架。采用微服务架构或模块化设计思想,将系统拆分为多个独立的服务或模块进行开发和管理。根据数据类型和查询需求选择合适的数据库技术,结构化数据采用MySQL或PostgreSQL等关系型数据库,非结构化数据采用MongoDB或Redis等非关系型数据库。通过数据库集群、读写分离等技术手段提高数据库的性能和可用性。采用Redis等高性能缓存技术,减少数据库的访问压力,提高系统的响应速度和并发处理能力。采用RabbitMQ或Kafka等消息队列技术,实现系统内部各组件之间的异步通信和消息传递,提高系统的可扩展性和稳定性。采用HTTPS协议保障数据传输的安全性,采用JWT(JSON Web Token)等技术实现用户的身份认证和授权,采用SQL注入防护、XSS防护等技术手段提高系统的安全性。

## 三、功能模块设计

在湖南省特色学徒制数字化平台的构建过程中,功能模块设计是确保平台能够高效、精准地服务于学徒制教育体系的核心环节。

## (一)培训服务功能模块

### 1.模块概述

培训服务功能模块是湖南省特色学徒制数字化平台的核心组成部分，旨在通过数字化手段优化传统学徒制培训流程，提升培训效率与质量。该模块集成了课程管理、在线学习、实操指导、进度追踪、效果评估等多个子功能，为学徒、师傅及培训机构提供全方位、个性化的培训服务。

该模块提供全面的培训资源，包括课程视频、教学材料、在线测试等。支持学员在线报名、选课、学习进度跟踪及成绩管理。提供灵活的学习模式，如自学、直播授课、录播回放等，满足不同学员的学习需求。

### 2.功能划分

课程管理子系统负责课程内容的创建、编辑、审核、发布与下架等全生命周期管理。支持多种课程类型(如视频课程、图文教程、直播课等)，满足不同学习需求。采用内容管理系统(CMS)技术，构建灵活的课程编辑界面和审批流程。通过数据库存储课程信息，实现课程的快速检索与分类展示。学徒可轻松浏览课程列表，根据兴趣或需求筛选课程；师傅和培训机构可便捷地上传、更新课程资料，并监控课程反馈。

在线学习子系统提供在线学习环境，支持视频播放、文档阅读、笔记记录、习题练习等功能。实现学习进度的自动追踪与同步，方便学徒随时随地学习。采用流媒体服务器技术确保视频流畅播放，集成文档阅读器支持多种格式文件，开发学习进度追踪算法实时记录学习状态。学徒可自由切换学习模式(如全屏播放、倍速播放等)，灵活安排学习时间。系统根据学习进度自动推送相关习题，巩固学习成果。

实操指导子系统通过虚拟仿真、远程监控等技术手段，为学徒提供实操演练环境。支持师傅远程指导、实时互动，确保学徒掌握实际操作技能。引入虚拟现实(VR)或增强现实(AR)技术，构建高度仿真的实操场景。开发远程视频通话功能，实现师傅与学徒的实时沟通。学徒在虚拟环境中进行实操演练,感受真实工作环境;师傅可远程观察学徒操作,及时指出问题并给予指导。

进度追踪子系统自动记录学徒的学习进度、任务完成情况等关键信息,为师傅和培训机构提供实时数据反馈,便于调整教学计划。开发进度追踪算法,与在线学习子系统、实操指导子系统等模块无缝对接。通过数据库存储进度信息,支持多维度查询与分析。学徒可随时查看自己的学习进度,明确学习目标;师傅和培训机构可根据进度数据调整教学策略,确保培训效果。

效果评估子系统通过在线测试、项目评审、技能考核等方式,对学徒的学习成果进行全面评估,生成评估报告,为学徒、师傅及培训机构提供改进建议。开发在线测试系统,支持自动阅卷与成绩统计。建立项目评审机制,邀请专家进行评审打分。设计技能考核标准,确保评估结果的公正性。学徒在完成学习任务后参加测试或考核,及时了解自己的学习成果;师傅和培训机构可根据评估报告调整培训方案,提升培训质量。

**3.设计理念与用户体验**

在培训服务功能模块的设计过程中,应始终秉持"用户至上、需求导向"的设计理念。通过深入了解学徒、师傅及培训机构的实际需求,精准定位功能模块的核心价值。同时,注重用户体验的优化与提升,确保功能模块的操作简便、界面友好、反馈及时。

优化界面设计是提升用户体验的有效途径。采用扁平化设计风格,简化界面元素,提高信息可读性。通过色彩搭配与图标设计,营造舒适的学习氛围。

注重交互设计是关注用户操作的流畅性与连贯性的体现。采用拖拽、点击等直观操作方式,降低用户学习成本。提供清晰的操作提示与帮助文档,确保用户能够轻松上手。

加强反馈,建立实时反馈系统,及时响应用户操作。通过进度条、提示信息等方式,告知用户当前操作状态。对于错误操作或异常情况,提供明确的错误提示与解决方案。

提供个性化服务，根据用户的学习习惯、兴趣爱好等数据，为用户提供个性化的学习推荐与服务。通过智能算法分析用户行为，不断优化用户体验。

培训服务功能模块的实施将显著提升湖南省特色学徒制数字化平台的培训效率与质量。通过数字化手段优化传统培训流程，降低培训成本；通过个性化服务提升用户体验，增强用户黏性。随着技术的不断进步与应用的深入拓展，将进一步完善功能模块设计，提升平台的智能化水平与服务能力。同时，加强与学徒、师傅及培训机构的沟通与合作，共同推动湖南省特色学徒制教育体系的创新发展。

### （二）典型案例功能模块

在湖南省特色学徒制数字化平台构建过程中，典型案例功能模块作为展示现代学徒制成功经验的窗口，对于推广和应用现代学徒制教育模式具有重要意义。

#### 1.设计思路

典型案例功能模块旨在通过选取并展示湖南省内乃至全国范围内具有代表性、创新性和可复制性的现代学徒制实施案例，为职业院校、企业、行业组织及学徒等多方用户提供可借鉴的经验和模式。

该模块收集的案例需要确定标准，选取的案例须具备较高的教学质量、显著的育人成效、独特的创新点以及广泛的适用性。同时，应涵盖不同行业、不同规模的企业和不同类型的职业院校，以确保案例的多样性和全面性。

该模块功能结构可进一步优化。采用分类展示、详细解析与互动交流相结合的方式，构建成一个集展示、学习、交流于一体的综合性平台。用户可以根据自身需求，快速定位到感兴趣的案例，深入了解其实施过程、成效及经验总结。

数字化呈现是该功能模块的主要特点。充分利用现代信息技术手段，如视频、音频、图文、动画等多媒体形式，生动形象地展示案例内容，提高用户的学习兴趣和参与度。同时，通过数据分析、智能推荐等功能，为学徒用户提供个性化的学习体验。

**2.具体内容**

(1)案例分类展示区

案例可以根据行业与类型分类。根据案例所属行业进行划分,如制造业、服务业、信息技术业等,便于用户按行业查找相关案例。每个行业可进一步细分为子领域,如制造业可细分为机械制造、电子电器、汽车制造等。根据案例的特点和实施模式进行分类,如校企合作型、工学交替型、订单培养型等。每种类型展示多个具体案例,以展现实施路径的多样性和灵活性。

(2)案例详细解析区

案例可以从背景介绍、实施过程、成效展示和经验总结等方面进行详细解析。背景介绍简要介绍案例实施的背景、目的和意义,帮助用户了解案例的基本情况。实施过程详细阐述案例的实施步骤、关键环节和具体措施。通过时间轴、流程图等形式,直观展示案例从规划到实施的全过程。同时,附上相关文件、政策依据和关键数据,为用户提供全面的信息支持。成效展示则是通过图表、案例对比等形式,展示案例实施后取得的具体成效,如学徒技能提升情况、企业留任率、社会认可度等。同时,分析成效背后的原因和机制,总结案例实施过程中的成功经验和教训,提炼出可复制、可推广的模式和方法,鼓励用户结合自身实际情况进行创新和优化。

(3)互动交流区

互动交流区可以设置在线问答、案例分享及社群建设等子功能。在线问答设立专门的问答板块,邀请案例实施方、专家学者及用户参与讨论和交流。用户可提出疑问或分享经验,获得及时的解答和反馈。案例分享鼓励用户上传现代学徒制实施案例或相关资源,与平台其他用户共享。通过用户生成内容(UGC)的方式,不断丰富平台的案例库和资源库。社群建设致力于建立现代学徒制学习社群,促进用户之间的深度交流和合作。通过定期组织线上研讨会、经验分享会等活动,增强用户的归属感和参与度。

**3.实施步骤**

要确保案例征集功能模块的实现,需要有计划、有步骤地实施。第一,适时开展案例征集与筛选。通过发布征集通知、联系行业协会和企业等方式，广泛收集现代学徒制实施案例。按照既定的选取标准对案例进行筛选和评估，确保案例的质量和代表性。第二，对案例进行整理与加工。对选定的案例进行整理、编辑和加工，形成统一格式的案例文档。同时，根据案例内容制作相应的多媒体素材，如视频、音频、图片等。第三，开发与集成平台。根据设计思路和功能需求，开发典型案例功能模块。将整理好的案例内容和多媒体素材集成到平台中，确保用户能够方便地浏览、学习和交流。第四，实时测试与优化。在平台上线前进行严格的测试，确保典型案例功能模块的稳定性和可用性。根据用户反馈和测试结果进行优化调整，不断提升用户体验。第五，加强宣传推广与运营。通过线上线下相结合的方式对平台及典型案例功能模块进行宣传推广。制定详细的运营计划和维护方案，确保平台的持续运行和更新迭代。

#### 4.预期效果

典型案例功能模块是否产生实效的评判依据是其是否实现了预期目标。第一，提升教学质量。通过展示成功案例的经验和模式，为职业院校提供可借鉴的教学方法和手段，促进教学质量的提升。第二，推动校企合作。加强职业院校与企业之间的沟通和合作，推动校企双方共同参与现代学徒制实施过程，实现资源共享和优势互补。第三，增强学徒能力。通过案例学习和实践操作相结合的方式，提升学徒的专业技能和职业素养，增强其就业竞争力和社会适应能力。第四，促进教育均衡。通过数字化平台的普及和应用，打破地域限制和资源壁垒，促进教育资源的均衡分配和共享利用。第五，形成品牌效应。通过典型案例功能模块的成功实施和广泛传播，形成湖南省特色学徒制品牌效应，吸引更多企业和职业院校参与现代学徒制实践。

### （三）政策资讯功能模块

在构建湖南省特色学徒制数字化平台过程中，政策资讯功能模块扮演着至关重要的角色，它不仅为平台用户提供了及时、准确、全面的政策信息，还促进了政策与实践的深度融合,为湖南省特色学徒制的推广与实施提供坚实的政策支撑。

**1.设计思路**

政策资讯功能模块的设计思路主要围绕全面性、时效性、权威性、互动性四个核心原则展开。

全面性是指确保政策资讯覆盖广泛,涵盖国家、省、市各级政府部门发布的与学徒制相关的政策文件、通知公告、解读评论等。同时,关注国内外学徒制发展的最新动态和趋势。

时效性是指建立快速响应机制,确保政策资讯能够第一时间更新到平台上,让用户能够及时了解最新的政策动态和变化。

权威性是指所有政策资讯均来源于官方渠道,经过严格筛选和审核,确保信息的真实性和准确性,提升平台的权威性和公信力。

互动性是指设置用户反馈和互动功能,鼓励用户就政策资讯发表观点、提出问题或分享经验,形成政策与实践的良性互动循环。

**2.内容架构**

政策资讯功能模块主要包括政策发布、政策解读、政策咨询、政策评估和政策趋势五个子模块。

政策发布包括国家层面、省级层面和市级层面三个层面的政策发布。国家层面,主要收集并发布教育部、人力资源和社会保障部等部委发布的与学徒制相关的政策文件、规划方案、指导意见等。省级层面,重点聚焦湖南省教育厅、人力资源和社会保障厅等部门发布的政策文件,特别是与湖南省特色学徒制实施相关的具体政策、措施和实施方案。市级层面,关注各市州教育局、人力资源和社会保障局等地方政府部门发布的与学徒制相关的政策动态和具体措施。

政策解读包括专家解读、案例剖析和互动问答三个方面的功能。专家解读重点邀请政策研究领域的专家学者对重要政策文件进行深度解读,分析政策背景、目的、意义及实施要点，帮助用户更好地理解政策精神。案例剖析则是结合具体案例，分析政策在实际操作中的应用效果、存在的问题及改进建议，为用户提供实践参考。互动问答主要是指设置问答环节，邀请专家或政策制定者在线解答用户关于政策解读的疑问，增强政策解读的针对性和实效性。

政策咨询包括在线咨询、热线电话、邮件回复三个方面的功能。提供在线咨询窗口，用户可以通过平台向政策咨询专家或相关部门工作人员提问，获取专业的政策解答和建议。公布政策咨询热线电话，方便用户通过电话方式进行政策咨询。对于复杂或需要较长时间处理的问题，用户可以通过邮件方式提交咨询，平台将在规定时间内给予回复。

政策评估包括政策效果评估与问题反馈与改进功能。政策效果评估是指定期收集并发布关于学徒制政策实施效果的评估报告，包括政策目标的实现程度、社会反响、经济效益等方面的评估结果。问题反馈与改进是指根据政策评估结果和用户反馈，梳理政策实施过程中存在的问题和不足，提出改进建议，为政策调整和完善提供参考。

政策趋势包括国内外动态及政策预测两个方面的功能。国内外动态功能是指关注国内外学徒制发展的最新动态和趋势，收集并发布相关研究报告、案例分析、经验总结等，为用户提供前瞻性的政策信息。政策预测功能则是基于当前政策环境和发展趋势，对未来可能的政策走向进行预测和分析，为用户提供决策参考。

**3.实现方式**

（1）数据采集与整合

积极与各级政府部门建立合作关系，确保政策资讯的来源渠道畅通无阻。同时，利用搜索引擎、政策数据库等第三方平台，广泛收集与学徒制相关的政策信息。加强人工筛选与审核，对收集到的政策信息进行人工筛选和审核，确保信息的真实性和准确性。

（2）平台开发与维护

采用先进的Web开发技术和数据库技术，确保平台的稳定性和可扩展性。注重用户体验，设计简洁明了、易于操作的界面，提高用户的使用便捷性。加强平台的安全防护措施，确保用户信息和政策资讯的安全。建立政策资讯更新机制，确保平台内容的时效性和准确性。

(3)用户互动与反馈

提供用户注册和登录功能，方便用户管理个人信息和查看历史记录，允许用户对政策资讯进行评论和分享，促进用户之间的交流和互动。设置用户反馈渠道，鼓励用户就平台使用和政策资讯等方面提出意见和建议。

(4)预期效果

政策资讯功能模块是否产生实效的评判依据是其是否实现了预期目标。第一，提升政策知晓率。通过政策资讯功能模块的建设和运营，提高用户对学徒制相关政策的知晓率和理解程度，为政策的顺利实施奠定坚实的群众基础。第二，促进政策与实践融合。加强政策与实践的深度融合，推动政策精神在学徒制实施过程中的有效贯彻和落实，提高政策执行力和实施效果。第三，增强平台用户黏性。通过提供丰富、权威、及时的政策资讯和互动交流功能，增强平台用户的黏性和活跃度，促进用户之间的信息共享和经验交流。第四，推动学徒制创新发展。在政策资讯的引导下，鼓励职业院校、企业等各方积极探索学徒制的创新模式和实践路径，推动学徒制在湖南省乃至全国范围内的创新发展。第五，提升政策制定的科学性。通过收集和分析用户反馈和政策评估结果，为政策制定者提供有价值的参考信息，提升政策制定的科学性和针对性。

### (四)个性定制功能模块

在湖南省特色学徒制数字化平台的构建中，个性定制功能模块旨在根据用户的具体需求、学习风格及职业发展目标，提供高度个性化的学习路径规划、资源推荐及职业发展指导，从而实现学徒制教育的精准化、高效化。

#### 1.设计思路

个性定制功能模块的设计思路主要围绕用户中心、数据驱动、智能推荐、持续优化四个核心原则展开。

用户中心是指将用户置于平台服务的核心位置，深入了解用户的学习需求、兴趣偏好及职业发展期望，为用户提供量身定制的学习方案。

数据驱动是指利用大数据和人工智能技术，对用户的学习行为、能力评估、反馈意见等多维度数据进行深度挖掘与分析，为个性定制提供数据支撑。

智能推荐是指基于数据分析结果，运用智能算法为用户推荐个性化的学习资源、导师匹配、实践机会等，提升学习的针对性和有效性。

持续优化是指建立反馈机制，不断收集用户反馈和评估结果，对个性定制功能进行迭代优化，确保服务的持续优化和升级。

**2. 功能架构**

个性定制功能模块主要包括用户画像构建、个性化学习路径规划、智能资源推荐、导师匹配与指导、职业发展规划及个性化反馈与优化六个子模块。

用户画像构建模块包括基础信息采集、学习行为分析、能力评估测试和综合画像生成功能。基础信息采集旨在用户注册时收集基本信息，如姓名、年龄、性别、教育背景、职业目标等，作为构建用户画像的基础数据。学习行为分析侧重记录用户在平台上的学习行为，包括学习时长、学习进度、互动频率、偏好领域等，形成用户学习行为画像。能力评估测试致力于提供在线能力评估测试，涵盖专业技能、职业素养、学习能力等多个维度，准确评估用户当前能力水平。综合画像生成则是结合基础信息、学习行为和能力评估结果，运用机器学习算法生成用户综合画像，为后续个性化服务提供基础。

个性化学习路径规划模块包括目标设定、路径规划和动态调整三个方面的功能。目标设定注重引导用户设定清晰的学习目标，包括短期目标（如掌握某项技能）、中期目标（如获得相关证书）和长期目标（如职业发展规划）。路径规划侧重于根据用户画像和学习目标，结合平台资源及外部资源，为用户规划个性化的学习路径，包括课程选择、学习顺序、时间节点等。动态调整则是根据用户的学习进度和反馈，动态调整学习路径，确保学习路径的时效性和针对性。

智能资源推荐模块包括内容推荐、导师推荐和实践机会推荐功能。内容推荐是指基于用户画像和学习路径，为用户推荐相关的课程资源、学习资料、案例分析等，满足不同用户的学习需求。导师推荐是指根据用户的专业领域、学习需求及导师的专长和可用性，为用户推荐合适的导师进行一对一指导或加入导师团队。实践机会推荐注重结合用户的学习进度和职业目标，为用户推荐实习、实训、项目合作等实践机会，促进理论知识与实践经验的结合。

导师匹配与指导模块包括导师库建设、智能匹配和互动平台功能。导师库建设注重建立包含行业专家、企业导师、高校教授等多类型导师的导师库，为用户提供丰富的导师资源。智能匹配则是根据用户需求和导师专长进行智能匹配，提高导师指导的针对性和有效性。互动平台主要提供在线交流、视频会议等互动工具，方便用户与导师进行实时沟通和问题解答。

职业发展规划模块包括职业分析、职业规划和资源对接功能。职业分析是指结合行业趋势、市场需求及用户能力评估结果，为用户提供职业分析报告，明确职业发展方向和潜在机会。职业规划注重引导用户制定个性化的职业规划，包括短期目标设定、中期路径规划及长期愿景展望。资源对接致力于为用户提供职业规划相关的资源对接服务，如求职指导、简历优化、职业培训等。

个性化反馈与优化模块包括用户反馈收集、数据分析与评估以及功能优化与迭代功能。用户反馈收集是指通过问卷调查、在线评价、用户访谈等方式收集用户反馈意见。数据分析与评估则是对反馈数据进行深度分析，评估个性定制功能的效果和用户满意度。功能优化与迭代是指根据评估结果和用户反馈，对个性定制功能进行持续优化和迭代升级，提升用户体验和服务质量。

**3.实现策略**

第一，技术支撑。采用大数据、人工智能、云计算等先进技术，构建个性化推荐算法、用户画像模型及数据分析平台，为个性定制功能模块提供强大的技术支撑。

第二，资源整合。加强与高校、企业、行业协会等外部机构的合作，整合优质课程资源、导师资源及实践机会资源，为用户提供丰富多样的学习和发展选择。

第三，用户参与。鼓励用户积极参与个性定制过程，通过问卷调查、用户访谈等方式收集用户需求和意见，确保个性定制功能的针对性和实用性。

第四，培训与支持。为平台运营人员和技术人员提供专业培训和支持服务，提高其对个性定制功能模块的理解和应用能力，确保服务的顺利实施和持续优化。

#### 4.预期效果

个性定制模块是否产生实效的评判依据是其是否实现了预期目标。

第一，提升用户体验。通过个性定制功能模块的建设和运营，为用户提供更加贴合个人需求的学习和发展方案，提升用户的学习满意度和平台忠诚度。

第二，提高学习效率。个性定制功能模块能够精准匹配用户的学习需求和资源供给，减少无效学习和资源浪费，提高学习效率和学习效果。

第三，促进职业发展。通过职业发展规划和资源对接服务，帮助用户明确职业发展方向和目标，提供有力支持和服务保障，促进用户职业发展的顺利推进。

第四，增强平台竞争力。个性定制作为平台的特色服务和差异化优势之一，能够吸引更多用户的关注和加入，提升平台的知名度和影响力，增强平台的竞争力。

第五，推动学徒制创新发展。个性定制功能模块的应用和推广有助于推动学徒制教育模式的创新性发展，促进教育资源的优化配置和高效利用，为培养更多高素质技能人才提供有力支持。

### （五）对外交流功能模块

对外交流功能模块不仅是连接学校、企业与国际教育资源的桥梁，也是促进知识共享、技术交流与文化传播的重要窗口。

## 1.设计理念

对外交流功能模块的设计思路主要围绕全球化视野、双向互动、定制化服务展开。

对外交流模块的首要设计理念是树立全球化视野,鼓励学徒主动拥抱世界,了解不同国家和地区的职业教育体系、行业发展趋势及文化特色。通过与国际接轨,培养学徒的跨文化交流能力和国际竞争力。同时,强调信息的双向流通与互动,不仅能帮助学徒走出去学习,也吸引国外学徒、教师及行业专家走进来,实现资源共享、经验互鉴,形成良性的国际交流生态。针对不同学徒的学习需求和专业方向,还可以提供定制化的国际交流项目与资源,确保每位学徒都能找到适合自己的成长路径,实现个性化发展。

## 2.功能架构

对外交流功能模块主要包括国际资讯速递、海外学习交流、国际合作与竞赛、虚拟国际社区四个子模块。

国际资讯速递模块主要是跟进全球职业教育动态,实时更新国际职业教育政策、会议、研究成果等信息,帮助学徒把握全球职业教育发展脉搏。行业趋势分析也是其主要功能,旨在收集并分析国际相关行业发展趋势、市场需求变化,为学徒的职业规划提供数据支持。文化交流平台则是展示各国文化、风俗习惯、节日庆典等内容,增进学徒对不同文化的理解和尊重。

海外学习交流模块主要是确保短期访学与实习功能的实现,与海外知名职业院校、企业建立合作,为学徒提供短期访学、实习机会,让学生亲身体验异国教育环境与职场文化。同时,设置在线国际课程,引入国际优质在线课程资源,覆盖语言学习、专业技能、跨文化交流等多个领域,供学徒自主学习。开展学分互认与学位项目,探索与海外教育机构学分互认机制,为有志于深造的学徒提供联合培养等项目。

国际合作与竞赛模块注重推动与国际职业教育机构的合作项目,如联合研发、技术转移、师生交流等,促进深度合作。组织或参与国际技能竞赛,为学徒提供展示自我、挑战极限的舞台，增强学徒的团队协作与竞争意识。定期邀请国际知名专家、学者进行线上或线下讲座，分享前沿知识、行业洞察及职业发展建议。

虚拟国际社区模块尝试建立多语言交流板块，鼓励学徒使用英语、法语、德语等多种语言进行交流，提升学徒的语言能力。基于兴趣、专业等维度，为学徒与国际友人进行配对，促进一对一或小组形式的深度交流。定期举办虚拟国际文化节，通过虚拟现实（VR）、增强现实（AR）等技术，模拟各国文化场景，让学徒身临其境感受异国风情。

#### 3.实施策略

第一，加强国际合作网络建设。深化与海外职业院校、企业、行业协会等机构的合作关系，拓宽合作领域，建立长期稳定的合作机制。积极参与国际职业教育组织与会议，提升湖南省特色学徒制品牌的国际知名度和影响力。

第二，优化资源配置与利用。整合国内外优质教育资源，形成优势互补，避免重复建设。利用大数据分析技术，精准匹配学徒需求与国际资源，提高资源利用效率。

第三，强化师资队伍建设。引进具有国际视野的优秀教师与专家，提升教师队伍的整体素质。加强教师海外培训与交流，提升教师的国际化教学能力。

第四，完善评估与反馈机制。建立科学的评估体系，对外交流模块的实施效果进行定期评估。收集学徒、教师及合作机构的反馈意见，及时调整优化模块内容与功能。

#### 4.技术支撑

对外交流功能模块的技术支撑主要包括云计算与大数据、人工智能与机器学习、虚拟现实与增强现实、移动互联网与社交媒体。利用云计算技术构建弹性可扩展的平台架构，确保海量数据的存储与处理需求。通过大数据分析，挖掘学徒学习行为、兴趣偏好等数据，为个性化推荐与交流匹配提供有力支持。引入人工智能与机器学习技术,实现智能翻译、语音识别、情感分析等功能,提升交流的便捷性与准确性。同时,通过算法优化,为学徒提供更加精准的学习路径规划与资源推荐。运用虚拟现实与增强现实技术,打造沉浸式学习体验,让学徒在虚拟环境中感受异国文化、操作先进设备、参与模拟实训等,增强学习的趣味性与实效性。 充分利用移动互联网与社交媒体平台,开发移动应用、小程序等,实现随时随地的交流与学习。同时,利用社交媒体传播平台的优势,扩大对外交流模块的影响力与覆盖面。

#### 5. 预期效果

对外交流模块是否产生实效的评判依据是其是否实现了预期目标。

第一,学徒国际竞争力显著提升。通过对外交流模块的实施,学徒将具备更广阔的国际视野、更强的跨文化交流能力和更高的专业技能水平,为未来的职业发展奠定坚实基础。

第二,职业教育国际化水平大幅提升。湖南省特色学徒制数字化平台将成为职业教育国际化的重要窗口和示范项目,推动职业教育体系与国际接轨,提升整体教育质量与影响力。

第一,国际合作与交流不断深化。加强与海外职业院校、企业等机构的合作与交流,形成互利共赢的合作格局,为湖南省乃至中国的职业教育发展注入新的活力与动力。

第四,文化交流与传播更加广泛。通过虚拟国际社区、文化节等活动,促进学徒之间的文化交流与融合,增进国际理解和友谊,为构建人类命运共同体贡献力量。

### (六)产教融合功能模块

在湖南省特色学徒制数字化平台的构建中,产教融合功能模块是核心组成部分之一。该模块旨在打破传统教育与产业之间的壁垒,构建以市场需求为导向、以学徒能力培养为核心、以校企合作为基础的产教融合生态系统,为湖南省乃至全国的职业教育改革与产业升级提供有力支撑。

**1.设计理念**

产教融合功能模块的设计应紧密围绕需求导向、深度融合、协同创新和可持续发展四个原则。

需求导向原则是指产教融合功能模块的设计应紧密围绕产业发展需求,深入分析行业趋势、企业需求及岗位技能要求,确保教育内容与产业实际高度契合,培养符合市场需求的高素质技能型人才。

深度融合原则强调教育与产业的深度融合,不仅要在课程设置、教学内容上与企业需求对接,还要在教学模式、师资建设、实训基地等方面实现校企共建共享,形成紧密的合作关系。

协同创新原则是指鼓励校企双方在技术研发、产品创新、管理优化等方面开展深度合作,共同解决产业发展中的技术难题,推动产业升级与技术创新,实现教育与产业的双赢发展。

可持续发展原则是指注重产教融合生态系统的构建与维护,建立长效合作机制,确保产教融合活动的持续性与稳定性,为学徒的终身学习与职业发展提供有力保障。

**2.功能架构**

产教融合功能模块包括校企合作项目管理、课程体系与教学内容共建、实训基地与师资队伍建设和创新创业与成果转化四个子模块。

校企合作项目管理模块的首要功能是合作项目的申报与审批。该模块提供在线申报平台,支持校企双方提交合作项目申请,经平台审核后,由相关部门进行审批,确保合作项目的合法性与可行性。同时,进行项目进度跟踪与评估。建立项目管理系统,对合作项目的实施进度、成果产出等进行实时跟踪与评估,确保项目按计划顺利推进。此外,进行成果展示与分享。设立成果展示区,展示校企合作项目的优秀成果与典型案例,促进经验交流与知识共享。

课程体系与教学内容共建模块主要是进行产业需求调研与分析,定期开展产业需求调研,收集企业反馈,分析岗位技能要求,为课程体系与教学内容的调整提供依据。基于产业需求,校企共同开发专业课程,建设教学资源库,包括教材、课件、案例、实训项目等。推广工学交替、现代学徒制等教学模式,加强实践教学环节,提高学徒的实践操作能力与职业素养。

实训基地与师资队伍建设模块主要是展示实训基地共建成果,展示校企共建的实训基地,引入企业真实生产环境。加强双师型教师培养,鼓励教师到企业挂职锻炼,提升教师的实践能力与行业认知。同时,邀请企业专家进校授课,形成"双师型"教学团队。

设立技能大师工作室,邀请行业领军人物入驻,开展技能传承、技术创新与项目研发等。

创新创业与成果转化模块主要是将创新创业教育融入课程体系,培养学徒的创新意识与创业能力,鼓励学徒参与创新创业项目。实现成果转化功能,为校企双方的科研成果、技术专利等提供转化渠道,推动科技成果向现实生产力转化。提供创业孵化服务,为有志于创业的学徒提供创业指导、资金扶持、政策咨询等一站式孵化服务,助力学徒实现创业梦想。

**3.实施策略**

第一,政策支持与引导。争取政府相关部门的政策支持与引导,制定有利于产教融合发展的政策措施,如税收优惠、资金补贴、项目扶持等,激发校企双方合作的积极性。

第二,搭建合作平台与机制。建立校企合作平台与机制,如产教融合联盟、行业协会等,为校企双方提供交流合作的机会,促进信息共享与资源互补。

第三,强化师资队伍建设。加大对师资队伍建设的投入力度,通过培训、引进、激励等多种方式,提升教师的实践能力与行业认知,打造一支高素质、专业化的"双师型"教学团队。

第四,完善评价体系与激励机制。建立科学合理的评价体系与激励机制,对产教融合活动的实施效果进行定期评估与反馈,对表现突出的个人与集体给予表彰与奖励,激发校企双方的参与热情与创造力。

#### 4.预期效果

产教融合模块的功能是否产生实效的评判依据是其是否实现了预期目标。

第一，学徒实践能力显著提升。通过产教融合功能模块的实施，学徒将有机会在企业真实环境中进行实践锻炼，提升实践操作能力、职业素养与创新能力，为未来的职业发展奠定坚实基础。

第二，职业教育与产业需求高度契合。产教融合功能模块将有效促进职业教育与产业需求的深度融合与对接，确保教育内容与产业实际高度契合，培养符合市场需求的高素质技能型人才。

第三，校企合作关系更加紧密。通过搭建合作平台与机制、完善评价体系与激励机制等措施，进一步巩固与深化校企合作关系，形成互利共赢的合作格局。

第四，产业升级与技术创新。促进校企双方在技术研发、产品创新、管理优化等方面的深度合作与协同创新，推动产业升级与技术创新。

第五，社会影响力与认可度显著提升。将产教融合的成功案例与经验做法推广至更广泛的领域与群体，提升职业教育与产教融合的社会影响力与认可度。

### (七)社交互动功能模块

社交互动功能模块旨在通过构建一个开放、互动、协作的在线社区，促进学徒之间、学徒与教师之间、学徒与企业导师之间的深度交流与互动，从而增强学习体验，提升学习效果，促进知识共享与文化传播。

#### 1.设计理念

社交互动功能模块的设计应遵循以用户为中心、促进知识共享、强化团队协作和营造良好社区氛围四个原则。

社交互动功能模块的设计应始终围绕用户需求展开，关注用户的实际使用场景与需求痛点，提供个性化、便捷化的社交互动体验。同时，鼓励用户分享学习心得、实践经验、行业动态等，促进知识在平台内的自由流动与共享，形成积极向上的学习氛围。通过团队协作工具与功能的设计，促进学徒之间、学徒与教师之间、学徒与企业导师之间的紧密合作，共同完成学习任务与项目挑战。建立社区规范与激励机制，引导用户文明交流、友好互动，营造积极向上、和谐共进的社区氛围。

**2.功能规划**

社交互动功能模块包括个人中心与资料管理、消息通知与私信系统、论坛与问答系统、团队协作工具和社交活动与竞赛五个子模块。

个人中心与资料管理模块包括用户注册与登录、个人资料编辑和动态发布功能。支持多种注册方式（如手机号、邮箱、第三方账号等），简化登录流程，提高用户体验。用户可自由编辑个人基本信息、学习经历、职业背景等资料，展示个人风采。用户可发布学习心得、项目进展、生活点滴等动态信息，并支持一键分享至其他社交平台。

消息通知与私信系统模块包括实时消息通知、私信聊天和群聊功能。系统实时推送各类通知消息（如课程更新、作业提交提醒、好友请求等），确保用户不错过重要信息。支持用户之间一对一或多人私信聊天，方便用户进行深度交流与协作。用户可根据兴趣、专业或项目需求创建或加入群聊，进行集体讨论与协作。

论坛与问答系统模块包括专业论坛、问答专区和精华帖与热门帖推荐。设立多个专业论坛板块，用户可根据兴趣或需求浏览、发布帖子，参与讨论。提供问答功能，用户可提问并邀请他人回答，或浏览已有问题与答案。根据帖子质量、浏览量、回复量等指标，自动推荐精华帖与热门帖，引导用户关注优质内容。

团队协作工具模块包括项目协作空间、在线编辑与批注、实时语音与视频会议功能。项目协作空间能为团队项目提供专属协作空间，支持任务分配、进度跟踪、文件共享等功能。在线编辑与批注功能支持文档、表格、PPT等文件的在线编辑与批注，方便团队成员协同工作。实时语音与视频会议功能支持团队成员远程沟通与交流。

社交活动与竞赛模块包括线上活动组织、积分与奖励机制、荣誉榜与排行榜。支持线上活动的组织与策划，如知识竞赛、技能挑战赛、主题讲座等，丰富用户的学习生活。设立积分与奖励机制，鼓励用户积极参与社交互动与活动，提升用户活跃度与参与度。根据用户积分、贡献度等指标，设立荣誉榜与排行榜，表彰优秀用户与团队。

**3.技术实现**

社交互动功能模块的技术实现包括前端技术、后端技术、云服务与大数据、安全与隐私保护。

前端技术可采用响应式布局与前端框架（如React、Vue等），确保平台在不同设备上的良好显示效果与用户体验。利用HTML5、CSS3、JavaScript等前端技术，实现丰富的交互效果与动态展示。集成第三方社交插件（如微信登录、QQ登录等），简化用户注册与登录流程。

后端技术可采用分布式架构与微服务设计，提高系统的可扩展性与稳定性。使用Java、Python等后端语言，结合Spring Boot、Django等框架，实现业务逻辑处理与数据交互。利用数据库技术（如MySQL、MongoDB等），存储用户数据、帖子数据、消息数据等关键信息。

云服务与大数据是指利用云服务平台（如阿里云、腾讯云等），提供弹性计算、存储与网络资源，确保平台的高可用性与可扩展性。引入大数据技术，对用户行为数据进行收集与分析，为平台优化与个性化推荐提供数据支持。

安全与隐私保护是指实施严格的数据加密与访问控制策略，确保用户数据的安全性与隐私性。建立完善的用户举报与投诉机制，及时处理不良信息与违规行为。

**4.用户体验**

社交互动功能模块要从界面设计、交互设计、个性化推荐及反馈与迭代四个方面提升用户体验。

采用简洁明快的界面设计风格，确保用户能够快速上手。合理布局页面元素与功能模块，提高信息获取效率与操作便捷性。

注重用户交互体验的细节设计，如动画效果、提示信息、反馈机制等，提升用户操作的流畅感与满意度。提供多种交互方式（如点击、滑动、拖拽等），满足不同用户的操作习惯与需求。

加强个性化推荐，根据用户的兴趣、行为等数据，运用算法模型进行个性化推荐，如推荐相关帖子、好友、活动等，提高用户黏性与活跃度。

建立用户反馈机制，收集用户对平台功能与体验的意见与建议，为平台优化与迭代提供依据。定期更新平台功能与界面设计，保持平台的活力与竞争力。

**5.社区治理**

社区的正常运营需要规范的治理才能实现，具体可以从社区规范、管理员与版主团队、用户自治及激励机制四个方面实施。

制定明确的社区规范与行为准则，引导用户文明交流、友好互动，对违规行为进行处罚与公示，维护社区的良好秩序与氛围。

组建专业的管理员与版主团队，负责社区的日常管理与维护工作。同时，对管理员与版主进行定期培训与考核，确保其具备专业的管理能力与服务意识。

鼓励用户参与社区自治，如设立用户举报与投诉机制、建立用户互助小组等，增强用户的归属感与责任感。

设立积分与奖励机制，鼓励用户积极参与社交互动与活动，提升用户活跃度与参与度。对优秀用户与团队进行表彰与奖励，激发用户的积极性与创造力。

**6.预期效果**

社交互动功能模块是否产生实效的评判依据是其是否实现了预期目标。

第，学习效果提升。通过社交互动，学徒将有机会与更多志同道合的人交流学习心得、分享实践经验，从而拓宽视野、深化理解、提升学习效果。

第，知识共享与文化传播。社交互动将促进知识在平台内的自由流动与共享，形成积极向上的学习氛围与文化传播效应，推动职业教育与文化的繁荣发展。

第，团队协作能力提升。通过团队协作工具与功能设计，学徒将学会如何与他人协作完成任务与项目挑战，提升团队协作能力与职业素养。

第，社区凝聚力增强。社交互动功能模块将构建一个开放、互动、协作的在线社区，增强用户之间的交流与联系，提升社区的凝聚力与归属感。

第，平台影响力扩大。随着社交互动功能模块的不断完善与优化，平台将吸引更多用户加入，从而扩大平台的影响力与知名度，为湖南省特色学徒制的推广与发展贡献力量。

### （八）在线咨询功能模块

在线咨询功能模块作为连接学生、教师、企业导师及平台管理者的重要桥梁，其设计不仅关乎用户体验，更是促进知识交流、解决学习困惑、提升教学质量的关键。

#### 1.设计思路与目标

在线咨询功能模块的设计需要遵循用户需求导向、高效便捷性、智能化辅助、多维度互动和数据驱动优化五个原则。

用户需求导向是首要原则，应通过调研明确用户（包括学生、教师、企业导师等）的具体咨询需求，如课程理解、技能操作、职业规划、项目指导等。

注重高效便捷性，确保用户能迅速找到咨询入口，提问后能快速获得响应，减少等待时间，提升咨询效率。

加强智能化辅助，利用AI技术（如自然语言处理、机器学习）实现初步的问题分类、自动回复，减轻人工客服的压力，提升用户体验。

积极开展多维度互动，支持文字、语音、视频等多种交流方式，满足不同场景下的咨询需求。

数据驱动需要进一步优化，通过收集并分析咨询数据，不断优化咨询流程，丰富知识库，提升咨询质量和用户满意度。

在线咨询模块的设计目标是实现全天候、无障碍的在线咨询服务，提升咨询的响应速度和问题解决率，增强用户的参与感与满意度，促进学习社群的形成，为平台管理提供数据支持，助力平台持续优化。

**2.技术实现方案**

（1）系统架构与关键技术

在线咨询功能模块采用微服务架构，主要分为前端展示层、业务逻辑层、数据存储层及智能处理层。前端展示层负责用户界面的渲染，包括PC端和移动端适配，支持多终端访问。业务逻辑层负责处理用户请求，如问题提交、答案检索、消息推送等，同时与智能处理层交互，实现智能问答功能。数据存储层负责存储用户信息、咨询记录、知识库等，采用分布式数据库提高数据读写性能和可扩展性。智能处理层着重集成AI算法，对用户提问进行自然语言处理、意图识别、知识匹配等，实现智能回复。

实现在线咨询功能模块的关键技术包括自然语言处理、机器学习与深度学习、实时通信技术、多媒体处理技术、数据安全与隐私保护。自然语言处理用于解析用户输入，理解其意图，是实现智能问答的基础。机器学习与深度学习通过训练模型识别常见问题类型，预测答案或推荐相似问题，提高回复的准确性。采用实时通信技术，确保用户与客服之间的即时通信。采用多媒体处理技术，支持语音转文字、视频通话等功能，丰富咨询形式。注重数据安全与隐私保护，采用加密技术保护用户数据，遵循相关法律法规，确保用户隐私安全。

（2）界面布局与交互设计

界面布局可从首页入口、咨询界面、提问区、历史记录、智能推荐、客服状态和其他功能等方面进行设计。在平台首页显著位置设置“在线咨询”按钮或图标，便于用户快速进入。提问区提供文本框、语音按钮、视频通话按钮，用户可根据需要选择提问方式。历史记录用于展示用户之前的咨询记录,便于查看和追踪问题状态。智能推荐则是根据用户输入自动推荐相关问题和答案,提高解决问题的效率。客服状态主要显示当前客服的在线状态、等待人数等信息,增强透明度。其他功能包括设置、帮助中心等,以提供额外支持。

在线咨询功能模块应从提问流程、消息推送、会话管理和评价反馈四个方面加强交互设计。提问流程是指用户选择提问方式后,输入问题并提交,系统首先尝试智能回复,若无法满足需求,则自动转至人工客服队列。消息推送功能应确保无论是智能回复还是人工回复,均通过系统消息实时推送给用户,确保不错过任何重要信息。会话管理功能支持多会话并行处理,用户可自由切换不同咨询话题。评价反馈功能是指咨询结束后,邀请用户对咨询体验进行评价,收集用户反馈以持续改进。

在线咨询功能模块应从知识库构建和智能问答优化两个方面加强内容管理与优化。基于历史咨询数据、常见问题、教学资料等,构建初始知识库。根据用户提问和反馈,不断补充和完善知识库内容。严格质量审核,建立知识库内容审核机制,确保信息的准确性和权威性。定期使用新数据对智能问答模型进行训练,提升识别准确率和回复质量。针对复杂问题,优化意图识别算法,提高问题分类的准确性。根据用户历史咨询记录和学习行为,提供个性化的问题推荐和答案。

# 第四章 湖南省特色学徒制数字化平台的实施与推广策略

在湖南省特色学徒制数字化平台的实施和推广阶段，科学合理地选择推广途径并制定有力的策略，对于提高平台的知名度和影响力、推动平台的广泛应用具有至关重要的作用。本章对平台的推广途径和策略进行深入分析，旨在为推广平台及提升社会效益提供参考。

## 第一节 平台推广目标及对象

### 一、平台推广目标

湖南省特色学徒制数字化平台的推广目标可以从多个维度及指标来设定，以提高平台的知名度、用户数量、服务质量和教育成效，进而促进湖南省职业教育和学徒制模式的创新性发展。

#### (一)总体目标

**1.增强平台的知名度和社会影响力**

拓宽推广的覆盖面，利用移动互联网技术加强平台功能的升级和更新。采用线上与线下相结合的策略，大力推广平台的特色、优势服务内容，以增强平台在职业教育和学徒制模式中的知名度。不断完善平台运营和建设，创建一个具有湖南特色的学徒制数字化平台品牌。通过提供高质量的服务和持续创新的教育模式，成为学徒制数字化转型的典范，产生品牌影响力。

**2.提升用户数量和活跃度**

通过精确的市场策略和营销手段,吸引更多对职业教育和学徒制有浓厚兴趣的用户加入。利用大数据技术挖掘并分析用户行为信息,建立以学习者为中心的“教”与“学”相结合的教学模式,实现线上线下混合式教学。为了增强用户在平台上的活跃度和参与度,提供个性化的服务推荐。

**3.优化服务流程和提升服务质量**

持续改进平台的服务流程,降低用户的操作难度,提升服务效率。强化技术保障和售后支持,确保用户在实际使用中遇到的任何问题都能迅速得到妥善处理,增强用户的满意度。

**4.促进职业教育和学徒制模式的创新性发展**

利用平台的优势,进一步加强与企业及职业学院的合作,共同推动现代学徒制的创新发展,促进教育资源的共享与优化配置。

### (二)具体目标

**1.用户覆盖目标**

平台目标用户群体涵盖职业学院学生、企业学徒、技能工匠、行业专家以及教育机构的管理者等。根据各细分人群特征和需求,确定相应的发展策略。制定用户增长策略,设立短期目标与长期目标,以实现注册用户数量的增长,建立一个稳定的用户增长体系。对重点发展区域和城市进行市场细分并制定不同的推广策略。在地域覆盖方面,覆盖湖南省所有地级市,并逐渐向邻近省份和全国各地扩展。

**2.功能应用目标**

平台提供的教育资源应涵盖湖南省特色学徒制核心课程和专业,并保证资源的持续更新。加强校企合作,提升教师的专业技能水平,完善考核方式方法。构建一个高效的师徒配对系统,确保师徒在线交流的持续稳定。

加强校企合作,完善人才培养方案与课程体系建设,提高学生的专业技能水平。构建一个科学合理的技能认证评估体系,以实现技能等级认证人数的年度增长率,并确保认证结果得到行业的广泛认可。构建一个就业信息服务模块,为学徒提供精确的就业建议和创业指导,以确保他们对就业服务的满意度,提高创业的成功率。

#### 3.社会影响目标

通过提高学徒的专业技能和创新思维,助力湖南省甚至全国的相关产业进行升级和转型,从而促进经济的高质量增长。传承和推广湖南地方文化特色,增强学徒对本土文化的认同和自豪,为提升文化自信作出贡献。通过数字化平台,利用互联网技术实现校企协同育人,打造新时代职教共同体,降低职业教育的入门标准,减少城市与农村、不同区域以及学校之间的教育不平等,实现教育的公平性。为此,政府应加强投入与支持,完善职教经费保障机制,提高办学效益。为了提高湖南省职业教育在全球范围内的知名度和影响力,还应加强与国际职业教育机构之间的合作和交流。

## 二、平台推广对象

湖南省特色学徒制数字化平台,作为连接职业教育和企业实践的重要桥梁,其推广目标应当是广泛而精确的,不仅要涵盖职业教育的核心参与者,还需触及企业、行业协会、政府部门和广大的社会学徒等多元化的主体。

### (一)职业教育机构

#### 1.教师群体

在职业学院中,教师不仅是学徒制教育模式的关键实施者,还是数字化平台内容创新和更新的核心动力。为了让更多人了解学徒制,应构建基于网络平台的校企合作学习体系,并以此推动学徒制数字化改革工作的顺利开展。平台将为教师提供丰富的课程资源、企业实例、教学工具和互动交流平台,以帮助教师更深入地理解学徒制的核心,掌握数字化教学方法,从而在教学过程中更加灵活地利用平台资源，提高教学质量和效率。同时，鼓励教师在平台分享他们的教学成果和经验，以形成一个积极的教学资源循环。

#### 2.学生群体

作为学徒制教育的直接受惠者，学生是使用平台最频繁的群体。平台应以用户需求为中心设计课程模块，并在教学中融入职业素养培育。为了满足不同年级和专业的学生需求，平台应当提供个性化和差异化的学习途径以及资源建议。同时，平台还可将理论教学与生产经营活动结合起来，让学生在真实工作中感受到知识的应用价值。此外，平台还应重视学生的职业规划和就业指导，提供企业实习信息、行业趋势分析等内容，帮助学生确定职业方向，为他们未来的就业和创业奠定坚实的基础。

#### 3.培训机构

与职业教育有关的各种培训机构是关键的平台推广对象之一，通过平台，培训机构能够分享高质量的教育资源，从而提高学徒培训的质量和效果。

### (二)企业和行业协会

#### 1.企业

在学徒制教育模式中，企业扮演着关键的角色。同时，企业也是学生进行实习和实训的主要场地。在进行平台推广时，应特别关注区域内的各种企业，尤其是那些与职业教育有密切关联的行业先锋企业。基于校企双方共建“工学结合”人才培养体系的理念，构建一个以专业建设为主线的课程教学资源库，将企业生产经营过程和岗位工作任务进行整合。平台可以与企业共同研发课程内容和实训项目，确保教学资源与企业的实际需求能够完美结合。以此为基础，平台将形成具有鲜明特色和品牌效应的专业资源库，促进校企深度融合，提高人才培养质量，并对其他类型学校实施基于企业的“工学交替”教学模式有一定借鉴意义。此外，平台能够为企业提供从人才选拔到技能培训再到在线考核的全方位服务，从而减少企业在招聘和培训方面的成本，并提高人才的使用效率。

### 2.行业协会

行业协会作为行业自我管理机构，具备丰富的行业资源和广泛的社交网络。目前，我国行业协会存在缺乏有效沟通机制、信息公开不及时、宣传渠道单一等问题。推广平台时，应主动与行业协会建立合作关系，提高平台在行业中的知名度和影响力。行业协会是平台开展宣传推广工作的重要依托，对提高平台服务水平具有积极意义。行业协会有能力协助平台组织各种行业研讨、技能竞赛等活动，从而推动产业与教育的融合以及学校与企业的合作。行业协会还可以向企业推荐优秀的技术产品或项目，并对企业进行培训指导，从而为企业搭建一个良好的交流平台，成为企业发展的助推器。此外，行业协会还能提供行业发展趋势分析、人才需求预测等多种信息，以助力平台在服务内容和质量方面的持续优化。

## （三）政府相关部门

在职业教育中，政府部门是关键的政策决策者和监管者。为了推动湖南省特色学徒制数字化平台的建设和发展，应当积极寻求政府部门的支持和合作。从项目设计到实施管理都要充分结合地方实际情况进行分析研究，以确保平台建设达到预期目标。通过与相关政府部门建立持续的沟通渠道，可以更好地了解政策方向，从而为平台的进一步发展争取到更多的政策和资金支持。此外，平台还应主动分享其发展的成果和积累的经验，以便为政府在制定更为科学和合理的职业教育政策时提供参考。

## （四）社会学习者

随着社会经济的迅猛增长和终身学习观念被广泛接受，职业教育和技能培训逐渐成为社会各界关注的焦点。高职院校是培养技能型人才的重要阵地，在国家大力发展高等职业教育的形势下，进行“工学结合”的教学改革已成为当务之急。湖南省特色学徒制数字化平台作为一个开放的在线教育平台，应将社会学习者作为其推广的目标群体。为了满足社会学习者在自我提升、职业转换、创业创新等方面的需求,平台可以提供灵活的学习方法和丰富的课程资源。平台在构建“互联网+”新型教学结构、推动现代信息技术与传统职教深度融合方面发挥着重要作用。此外,平台还可以构建学习成果认证系统,为社会学习者提供学历证书、职业资格证书等多种学习成果的认证服务,提高社会学习者的满足感和成就感。

### (五)其他有关利益方

应利用社交媒体的推广和宣传手段,引起更广泛的公众关注现代学徒制及其平台,增强其在社会上的知名度和影响力。平台是一个开放性的信息共享空间,为校企双方提供了互动交流的机会。与平台建立合作伙伴关系的各种企业和组织,都有可能通过平台实现资源共享和双方共赢。

### (六)国际合作伙伴

湖南省特色学徒制作为我国高职院校培养技能型人才的一种有效模式,其发展面临着机遇与挑战。湖南省特色学徒制数字化平台在其推广活动中,应当积极探索与全球著名的教育机构、行业协会以及跨国公司的合作机会,借助平台优势,促进湖南省职教改革,培养出更多高素质技能型人才,推动产业转型升级。为提高平台的国际化程度,可采纳国际上先进的职业教育观念、课程资源以及教学策略。借助“互联网+”技术构建新型职教模式,为学生提供更为便捷的学习体验,实现校企深度融合。通过与全球合作伙伴密切协作,共同促进全球职业教育的持续繁荣。

## 第二节 平台推广渠道与策略

推广湖南省特色学徒制数字化平台,吸引更多用户参与,是实现其社会价值和经济价值的核心。

### 一、推广渠道

在选择推广渠道时,应综合考虑目标受众的特性和喜好,结合平台的优点和特色，采用多元化的渠道开展全方位推广，以达到最优的推广效果。

### （一）线上渠道

线上渠道因其快速传播的能力、广泛的覆盖范围和相对较低的成本，被视为平台推广的优先选择。通过微信、微博、抖音等社交媒体，发布平台的最新动态、分享成功的案例、进行互动活动等，可以有效地吸引用户的关注和参与。此外，还可以邀请行业内的专家和意见领袖来进行合作推广，以扩大影响力。

通过对平台网站的关键词、内容和链接进行优化，可以提升平台在搜索引擎上的排名，增加其曝光度和点击次数。可以根据不同行业特征，对搜索结果的影响程度设置权重值。此外，还可以通过搜索引擎广告来进行精确的广告投放，从而吸引更多的潜在用户。

应充分利用在线教育平台的各种功能，将课程或培训服务整合进去，通过在线教育模块来进行宣传和推广，以吸引有学习需求的用户。

### （二）线下渠道

线下渠道的成本相对较高，但它能为用户提供面对面的沟通和交流机会，从而构建更为紧密的联系。

可与实体商店建立合作关系，将为客户提供平台服务作为一种增值服务，或者在店内布置宣传展示板、分发宣传材料等。通过参与各种行业相关的展览、论坛和研讨会，以及通过现场展示、公开演讲和互动交流等方式，向参与者展示平台的各项功能和优点，以吸引更多的潜在用户。通过与大学、职业学院等教育机构合作，加强校园推广活动，并通过组织讲座、研讨会和培训班等方式，向学生和教师宣传平台的价值，以吸引他们更多地使用平台。

### （三）建立合作伙伴关系

与其他公司或机构建立合作伙伴关系，一同宣传平台，有助于资源的共享和双方的共赢。

建立与行业协会、商会等机构的合作伙伴关系，利用其会员网络进行广泛的宣传和推广,以吸引更多的行业用户。与各相关企业和培训机构建立紧密的合作伙伴关系,共同提供培训、认证等服务,对平台进行广泛的推广。建立与政府部门和公共机构的合作伙伴关系,利用政策导向和资金援助等,促进平台在特定领域或地区得到更广泛的应用和推广。

### (四)口碑营销

口碑营销作为一种成本较低且效率较高的推广策略,能够通过用户的推荐和分享迅速提升平台的社会影响力。

平台可以鼓励用户积极发布他们的评价和反馈,分享他们的使用经验,从而建立良好的口碑。鼓励用户参与到平台社区中,建立用户与社区之间的联系,提升社区知名度,扩大影响力。此外,可以建立奖励制度,对积极参与评估和反馈的用户进行奖励,对成功的案例和用户的故事进行整理和展示,并通过官方网站、社交媒体等多种途径进行广泛传播,以吸引更多用户的关注和参与。平台还可以邀请合作伙伴和行业内的专家进行推荐和分享,借助他们的影响力和号召力提高平台的知名度和好评度。

## 二、推广策略

在制定推广策略时,应该基于对市场的深入调查和分析,明确目标受众、推广的具体目标和预算,选择最适合的推广途径和方法,并制定出详尽的实施计划。

### (一)对市场进行深入的调查和分析

通过深入的市场研究和数据分析,平台可以更好地了解目标受众的需求、偏好、竞争者的状况以及市场的发展趋势,为制定有效的推广策略提供有力的数据支撑。

首先要明确主要目标受众的特征,包括他们的年龄、性别、职业、教育背景、兴趣、爱好,以及他们的具体需求和问题。根据这些特征,确定不同人群的细分市场,对细分市场进行有针对性的推广。对竞争者的推广策略、市场占有率和产品特性进行深入分析,以更好地了解其长处和短板,为制定有针对性的推广方案提供有价值的参考。密切关注行业的发展动向、政策背景、技术进步等各种因素,并根据这些因素适时地调整推广策略。

### (二)对目标市场进行精准定位

基于对市场的深入调查和分析,明确平台的目标市场方向,包括目标消费者、市场的细分以及产品的具体定位等。

基于目标受众的特点和个性化需求,将市场细分为若干子市场,并挑选那些最有发展潜力和价值的子市场作为目标市场。结合品牌营销理论,从消费者角度出发,确定细分市场并对其进行评估分析,进而得出目标市场的具体划分标准。考虑到地理位置、行业领域和企业规模等多个因素,为每个细分市场制定精准化的推广策略。通过对平台用户行为进行分析研究,确定品牌传播内容与形式。平台要明确产品及服务定位,包括产品及服务的特性、优势和价值等,以确保在推广过程中能够准确地传达给用户。

### (三)策划推广内容

策划推广内容时,应当重视创新,激发用户的兴趣和共鸣,同时要与平台的特色和优势相一致。

平台要科学地制定各种推广策略,根据目标受众的特性和喜好,选择最适合的推广途径和方法,如社交媒体推广、搜索引擎优化和线下活动等。在此基础上,还要重视不同渠道间的合作,以确保达到最优的推广成果。制作各种推广材料,如广告、海报和视频等,以凸显平台的独特性和优点。与企业合作,在网站上发布一些宣传资料、活动照片等。为了确保推广材料效果,可以邀请有经验的设计师或团队进行创作。明确推广活动的具体时间、频次以及预算等关键因素,并据此制定详尽的推广策略。在推广之前,必须进行全面调研,推广方案应当涵盖推广活动的各个方面,如主题、内容、方式、时间和地点,还要包含推广活动的预算和效果评价标准。

### (四)促进实施并进行监督

在推广活动的实施阶段,必须重视每一个细节,以确保推广活动能按照预定的计划顺利进行。在具体的操作过程中，要注意宣传力度、人员选择以及工作内容等。与此同时，还要对推广的成果进行持续的观察和评价，并适时调整推广的策略与方向。

平台需要明确推广团队成员各自的职责和任务分配，以确保推广活动能够有条不紊地进行。在制定推广计划时，要结合发展战略，充分考虑整体运营策略以及产品服务特点和市场需求情况。推广团队应由市场调研员、渠道推广员、客户服务专员、财务专员等组成，各自承担不同的工作职责。在开展推广活动时，要做好相关人员之间的协调工作，保证各方面的沟通顺畅。准备足够的推广资源，包括但不限于人力、物资以及技术资源。建立完善的推广制度和流程，保证推广活动规范有效的实施。

根据推广计划的时间安排，合理规划推广活动的进度。要确保所有的推广活动都能在规定的时间内启动、实施和完成。利用数据分析工具对推广活动的成效进行实时的观察和评价，以便全面了解推广活动的优点和存在的不足。基于评估的反馈，适时地调整推广策略，以提高推广的效果。

## 三、风险管理策略

在市场推广的过程中，平台可能会遭遇多种潜在的风险和考验，包括但不限于市场竞争风险、技术上的风险以及法律上的风险。如果不能对这些风险进行有效防范或处理，就容易造成推广活动失败。因此，有必要制定针对性的风险管理策略，以确保推广活动能够顺利地进行。

### （一）识别潜在的风险

平台需要明确可能遭遇的各种风险及其来源，如市场竞争风险、技术上的风险以及法律上的风险等。针对这些风险，研究相应的管理措施和控制方法。对推广活动进行深入的分析和评价，确定可能的风险点和相关风险要素。

### （二）对风险进行评价

对已识别的风险进行深入的评价和分析，以确定这些风险的可能性及其影响。结合风险管理理论,运用量化分析和专家评价等多种手段,对各种风险进行优先级排序和分级管理。

### (三)制定应对风险的策略

基于风险评估的数据,制定针对性的风险管理策略和行动方案。面对市场竞争风险,强化对市场的研究与分析,进一步完善产品与服务,提升品牌的知名度与好评度。面对技术上的风险,强化技术的研发与创新,增强平台系统的稳定性与安全性。面对法律上的风险,应该重视法律法规的学习,并对合同和协议进行进一步的完善。

### (四)对风险进行持续监测

在市场推广的过程中,平台应持续关注风险的变动和发展方向,并适时地调整应对风险的策略和手段。同时,要加强与地方政府、企业及公众的沟通合作。通过构建风险预警系统和紧急应对机制等,确保在出现风险的情况下能够迅速作出反应和处置。

## 第三节 用户接受度与满意度提升策略

在湖南省特色学徒制数字化平台的建设和推广过程中,提高用户的接受度和满意度尤为关键。用户对平台的认可度,不仅涉及用户的忠诚度,同时会影响平台的宣传成果。

### 一、提高用户接受度的策略

用户接受度是指用户对新技术、新产品或新服务的了解、采纳和应用的程度。提高用户接受度,需要从多个维度入手,包括提高用户认知水平、降低用户使用门槛、提升用户体验等。

### (一)提高用户认知水平

用户认知度是指用户对平台的认知和了解程度。用户认知水平决定了用户的使用行为,进而影响用户忠诚度和满意度。提升用户认知水平是提高用户接受度的基础和先决条件。

第一，通过各种途径如社交媒体、搜索引擎、电子商务平台和线下活动等进行平台推广，以提高平台的知名度和曝光度。利用互联网，结合自身特点打造品牌。通过周期性地公布平台的最新动态、成功案例等，吸引用户的关注。

第二，与企业或团体建立合作伙伴关系，以共同推进平台的普及。同时，利用平台提供的资源开展营销活动和服务工作，借助资源共享和互惠互利策略提高平台的影响力。采用多种渠道和形式对平台进行宣传推广，如开展线上活动、举办线下讲座、举办各种论坛等。例如，可以与大学、职业学院等教育机构合作，把平台作为教育资源或培训工具来进行推广。

第三，借助品牌的打造来提高公众知晓度和好评度。建立有效的沟通渠道，与目标受众进行双向互动交流。设计品牌形象和推广口号，同时设计富有吸引力的品牌标志和视觉元素。重视平台文化的塑造和价值观的传播，以增强用户对平台的认同感。

### （二）降低用户使用门槛

用户体验是影响企业生存与发展的重要因素。用户尝试使用新的技术或服务时，常常由于操作的复杂性和较高的学习成本而选择放弃。平台应努力简化操作步骤，并提供用户友好的工具和辅助服务。

第一，对平台的操作流程进行优化和简化，减少不必要的步骤。根据用户的需求和喜好设置相应的操作界面及参数，通过对用户的测试和反馈，收集用户的使用习惯和喜好，对操作流程进行持续的优化和改进。针对每个模块分别设计对应的操作界面，便于用户根据自己的喜好选择相应的功能模块。

第二，为用户提供详尽的使用指南和操作手册，以帮助用户迅速掌握平台的操作技巧和方法。平台可以构建一个完整的学习系统，使学习者在学习过程中能获得更加丰富的知识资源。学习系统可以涵盖文本描述、视频展示、在线辅助等多种方式，以满足用户的特定需求和使用习惯。

第三，组建一支专业的技术和服务支持团队，为用户提供即时高效的技术援助及解决方案。根据用户对产品及技术的要求，设计相应的测试用例，测试并记录用户的各项数据信息，以便于分析研究。用户在使用过程中遇到的问题和困惑可以通过在线客服、电话咨询、邮件回复等多种方式得到解答。

### （三）提升用户体验

高质量的用户体验是提高用户接受度和满意度的关键因素。平台应从多个维度提高用户的满意度和忠诚度。依据用户的兴趣、需求以及行为模式等，为用户提供量身定制的推荐和服务选项。利用数据分析和数据挖掘的方法，对用户的行为模式进行深度探讨，并为用户推荐与其兴趣和需求相匹配的内容与功能。

为了提高用户的操作便利性和舒适感，平台还可以对交互设计进行一系列的优化，针对不同人群提供相应的个性化服务。为了增强用户的互动体验，可采用合适的布局、明确的导航、友善的提示等。

努力推进社区的建设，创建用户社区和论坛这样的交流场所，以促进用户间的互动与沟通。以提高用户满意度为目标，构建一站式服务平台。采用分享经验、回答疑问和给出建议等方式，增强用户的参与感和归属感。利用互联网技术，将用户的需求及时反馈给平台。此外，还可以周期性地组织线上或线下的活动，以加强用户间的互动和联系。

## 二、提高用户满意度的策略

用户满意度是指用户对于平台提供的产品或服务的满足水平。在互联网时代，网络用户群体逐渐扩大，用户满意度成为影响网站社会效益和影响力的重要因素之一。为了提高用户满意度，需要从多个维度努力，包括提升服务品质、优化服务流程、优化反馈机制等。

### （一）提升服务品质

提升服务品质是提高用户满足度的核心要素之一。为了不断提高平台的市场竞争力，需要加大技术研发和创新资金投入。以先进的设计理念为基础，采用模块化设计方法构建数字化平台。为了增强产品服务的性能和稳定性，采纳新技术、优化算法并对功能进行了改进。平台应以学徒需求为导向，提供个性化服务。

平台应构建一个严格的质量管理系统，对平台上的产品服务进行全面的质量检查和评价。通过完善的管理制度保证服务质量稳定可控。采用自动化测试、手工测试和用户测试等多种方法，确保服务质量达到既定的标准和要求。通过在平台上搭建测试系统，实现测试工具的定制化开发和部署。基于用户的反馈以及市场的变动，还可以对平台进行持续的更新和完善。通过与第三方厂商合作，在原有技术的基础上开发更多具有针对性的功能，以满足不同类型客户的需求。通过引入新功能、改进已有功能以及修补存在的缺陷，持续提高用户满意度。

### （二）优化服务流程

为了提升用户满意度，优化服务流程尤为关键。平台应重视服务流程的精心设计和持续优化，以提升服务效率和用户满意度。

优化服务流程，减少不必要的步骤和环节，可以提升服务效率和品质。平台可以为用户提供一站式的服务体验，包括咨询、报名、学习、考试、认证等整个流程的服务。建立以客户需求为导向的服务平台，将业务办理与服务过程分离，降低操作人员的劳动强度和时间成本，提升服务质量。为了提高用户的使用便捷性，可以整合多种服务功能和不同的服务通道。

此外，要加大服务培训的力度，定期为服务团队提供培训，以提升他们的专业知识和服务技能。同时，开展各种形式的活动，提升服务水平，增强与用户群之间的联系。

### （三）优化反馈机制

平台应高度重视收集和分析用户的反馈信息，以便及时掌握用户的具体需求，对平台进行持续的优化和改进。构建提供多样化的用户反馈途径，包括但不限于在线客户服务、电话咨询、电子邮件回复以及用户反馈调查等。

同时,可设立投诉管理部门,负责对网站上的各种问题作出处理。平台要确保用户可以方便地提出疑问和建议,并获得迅速的答复与处理。定期收集和分析用户的反馈,可以深入了解客户的需求以及平台的不足之处。可利用数据分析和数据挖掘技术,对用户的反馈进行深度的分析和挖掘,以获取有价值的信息,从而为平台的持续改进和优化提供参考依据。

## 第四节 持续维护与迭代升级策略

在湖南省特色学徒制数字化平台的实施阶段,持续维护和迭代升级成为确保平台能够长期稳定运行和满足用户需求的核心环节。

### 一、持续维护策略

为了确保平台的稳定运作,及时识别并处理可能出现的问题至关重要。

#### (一)进行常规的观察和巡查

应构建一个持续的监控和巡查体系,以对平台的工作状况进行即时的观察和周期性的巡查。根据业务需求,开发相应的系统功能模块,实现设备管理、运维信息统计以及故障告警等功能。利用日志分析、性能监测和安全扫描等多种手段,及时识别和处理平台运行过程中可能出现的各种异常情况,包括但不限于服务器负载过高、数据不正常和安全漏洞等,并据此采取适当的解决措施。

使用日志分析工具,可以对平台的运行日志进行实时观察和解析,以便及时识别并处理不正常的情况。通过日志分析,可以了解系统运行过程中存在的一些缺陷或漏洞,从而及时地采取应对措施。例如,通过对错误日志和访问日志的监控,平台能够识别出系统崩溃和异常访问等问题,并据此采取适当的修复措施。

利用性能监测工具,可以对平台的各项性能指标,如CPU的使用效率、内存使用情况、响应速度等进行实时的跟踪和监测,并将这些指标作为平台的评估依据。一旦性能指标出现不正常的情况,应立即进行优化和调整,以确保平台能够稳定地运行。

周期性地进行安全检查和漏洞识别,可以及时识别并修复平台上可能存在的安全缺陷和隐患,在分析平台面临的各种威胁之后,提出相应的解决措施。例如,可以使用漏洞扫描工具对平台进行全方位的检查,一旦发现漏洞,则立即采取修复和加固措施。

### (二)周期性地进行数据备份和数据恢复

为了确保平台数据的安全与恢复能力,需要建立一个定期的备份和恢复系统。在日常维护工作中,通过对数据库表结构及业务操作流程进行分析,确定系统的主要故障类型,并根据系统故障特点,提出相应的处理措施。平台需要制定一个详尽的备份方案,涵盖备份的频次、存储位置和验证等方面,以确保数据备份的完整性和适用性。通过对数据库中的历史数据进行分析,确定需要备份的数据内容,并在系统运行过程中实时更新。此外,平台还可以制定数据恢复的预案,确保在平台数据丢失或受损的情况下,能够迅速地进行数据的恢复,从而降低潜在的损失和影响。

在进行备份时,要充分考虑不同类型的数据可能存在的风险。例如:在处理关键的业务数据时,可以选择每天进行备份;对于非核心的数据,可以选择每周或每月进行备份。备份的数据应当储存在一个安全且可信赖的地方,如远程备份的服务器或是云端存储平台。

应周期性地验证和测试备份数据,以确保其完整性。通过备份软件可以实现数据的实时更新及自动恢复。例如,可以周期性地进行数据恢复的模拟训练,以模拟数据可能出现的丢失或损坏,检验备份数据恢复的实际效果。同时,制定数据恢复的预案,明确恢复数据的具体步骤和责任划分。通过对数据库中的重要信息进行记录及备份等方式,保证数据库的完整性,并制定详细的应急措施。在平台数据丢失或损坏的情况下,系统能够迅速激活恢复预案,并按照既定的流程和步骤进行数据的恢复工作,以减少潜在的损失和影响。

### (三)处理用户的反馈和问题

构建一套用户反馈和问题解决机制,以便及时地收集和处理用户在使用平台的过程中可能遇到的各种问题。针对用户需求提出个性化的服务建议,提高用户满意度。采用在线客服、用户论坛和问卷调查等多种手段收集用户的反馈信息,并建立问题追踪和处理流程,以确保用户的问题能够得到回应和解决。

构建问题追踪和处理系统,以便对用户提出的各种问题进行详细记录和持续追踪。在此基础上,通过分析原因、查找不足,提出解决问题的措施。平台需要明确处理问题的具体步骤和责任划分,在问题发生后,通过电话、短信等方式向相关人员汇报情况,并根据需要安排技术人员实地指导。面对棘手的难题,可以召集专家团队进行技术攻关,以确保问题能够被完全解决。

平台还需要及时将用户的反馈处理进行公示。例如,可以在用户论坛或官方网站上公布问题处理的进展和结果,让用户了解平台对问题的重视和处理情况。

## 二、迭代升级策略

为了使平台持续进步,迭代升级是关键策略。通过不断地引进新技术、增强功能和提高性能,可以满足用户日益变化的需求,从而增强平台的市场竞争力。

### (一)对技术框架进行更新

随着科技的持续进步,平台的技术框架也要进行持续的更新和完善。通过采纳新的技术手段对系统架构进行优化,可以增强平台的稳定性与性能,并有效地减少运维费用。

平台被拆分为若干个独立的微服务模块,在此基础上,可以采用一种基于云计算的分布式异构环境下的微服务架构,该架构包括微服务平台、数据存储与处理模块、应用开发模块、资源管理模块以及通信管理模块等五个部分。利用微服务的架构设计,能够减少系统之间的相互依赖,增强系统的扩展能力。此外,微服务架构还具备资源伸缩的灵活性,能够根据业务的实际需求动态地调整资源的配置,从而提升资源利用效率。

利用容器化技术,能够迅速地部署和迁移应用,从而减少运维成本。容器化技术在一定程度上解决了传统应用开发过程中由于业务逻辑复杂、系统功能重复而导致的开发周期过长的问题。此外,容器化技术也有助于增强应用的隔离性和安全特性,减少不同应用间的互相干扰和影响。

借助云计算平台提供的各种资源,如弹性计算、数据存储和网络连接,可以实现资源的实时分配和动态扩充。利用云计算平台,能够减少硬件的投资和运营费用,同时增强平台的实用性和稳健性。

### (二)对功能进行优化和扩充

基于用户的需求和市场的波动,持续地对平台功能进行改进和扩充,可以提升平台的用户体验和市场竞争力。

为了适应移动学习的环境,可以对平台的移动端界面和功能进行优化,以提升用户在移动设备上的学习体验。为了增强用户间的互动和交流,可以引入社交学习功能,如学习社区、在线互动讨论和学习笔记分享等。社交学习功能可以激发用户对学习的热情和驱动力,从而提高他们的学习参与度和满足度。社交学习功能可以有效地降低学习者在移动端的使用门槛,使其能够快速方便地接入互联网并进行信息搜索与浏览。此外,社交学习功能还能助力用户构建学习网络,为他们未来的职业生涯打下坚实的基础。

### (三)对性能进行优化和提高

优化平台性能,可以提升平台的工作效率和用户的使用体验。

为了提高数据库的查询效率与稳定性,可以对平台的数据库进行优化和调节。通过分析平台数据访问过程中出现的问题,提出相应的解决措施。例如,可以对数据库实施索引的优化和查询的优化等。为了减少数据库的负担和缩短响应时长,可以选择分布式数据库结构或缓存技术。

还可以对平台的前端页面进行性能上的优化,以加快页面加载的速度,提升用户的使用体验。在前端应用中,可以引入多种优化手段。利用负载均衡技术,可以将用户的请求分散到多个服务器上进行处理,从而增强系统的并行处理能力和稳定性。采用基于优先级的任务分配方法,并设计合理的调度算法,可以使整个系统具有较好的扩展性和可用性。此外,还可以建立一套全面的容错处理流程,以确保在部分服务器出现故障的情况下,能够迅速地切换到备用服务器上进行故障处理,从而确保服务流程的连续性和稳定性。

### (四)加强安全防护措施

为了确保用户数据的安全与隐私,需要加强平台的安全防护措施。

为了确保平台的安全性,可以采取一系列加固措施。例如,强化用户的认证和授权管理,使用加密技术确保用户数据的安全传输和存储,定期进行安全漏洞的检查和修复工作。同时,在网络环境中,应建立完善的安全防御系统,以保障信息传输与共享的安全性。

应构建一个健全的紧急应对体系,以便对突如其来的安全问题进行迅速的反应和处置。例如,拟定一套详尽的安全事件紧急应对计划和处理流程,组建紧急应对团队并周期性地开展培训与模拟演练,建立与第三方安全机构的合作伙伴关系以共同应对突如其来的安全问题。

同时,平台要加大对用户的安全教育力度,以增强用户的安全意识和自我保护能力。例如,在平台上发布各种安全警告和提示,组织针对用户的安全教育活动,指导用户养成设置复杂密码和定期更新密码等良好的安全操作习惯。

## 三、风险管理与应对策略

平台在不断的迭代升级中,可能会遭遇多种风险与挑战。其中,安全风险是影响迭代升级成功率的关键因素之一。为了减少潜在的风险,确保迭代升级能够成功实施,有必要制订一套详尽的风险管理方案和应对策略。

## （一）对技术风险进行管理

在迭代升级的过程中，技术风险被视为主要的风险因素之一。由于新产品或新技术研发周期较长、成本较高、市场不确定性大等原因，导致技术风险具有长期性、复杂性、不可预知性和不可预见性的特点。为了减少技术上的风险，平台可以实施多种策略。从技术角度出发，要重视项目前期阶段的规划工作。在进行迭代升级之前，需要对技术方案和产品进行全面的评估和比较，以选择成熟稳定的技术方案和产品。针对不同阶段的需求特点，制定相应的开发方法与策略。在代码开发阶段，要高度重视代码的质量和可维护性，通过代码审查和单元测试等多种方式来确保代码的高质量。通过不断地完善和改进，保证新产品满足客户需求，实现效益最大化。提前做好技术准备和培训，以提升团队成员的技术水平和应对各种情况的能力。

## （二）对安全风险进行管理

在迭代升级的过程中，安全风险被视为需要特别关注的风险因素之一。应采取多种安全风险管理措施，以加强平台的安全性。例如，加强用户认证和授权管理，采用加密技术保护用户数据的传输和存储安全。同时，应制定详细的信息安全防护预案，做好风险评估工作。应构建一个健全的紧急应对体系，以便对突如其来的安全问题进行迅速的反应和处置。

## （三）对业务风险进行管理

在迭代升级的过程中，业务风险是可能遭遇的风险因素之一。在进行迭代升级之前，需要对用户的需求和市场的变动进行详尽的分析，以明确迭代升级的具体目标和方向。在迭代升级的过程中，要始终与用户保持紧密的沟通，及时收集用户的反馈和建议，并根据用户的具体需求来调整迭代升级策略。同时，要做好系统运维、数据安全、网络质量、网络安全以及安全教育等方面的准备工作。在迭代升级的过程中，要高度重视业务的连续性，如制订详尽的数据迁移策略和服务切换计划等。

# 第五章 湖南省特色学徒制数字化平台的保障机制

## 第一节 技术保障

在湖南省特色学徒制数字化平台的建设中，技术保障机制成为确保平台稳定运行、数据安全和用户体验优化的关键因素。

### 一、技术方案

在湖南省特色学徒制数字化平台的建设中，选择合适的技术方案是确保平台高效、稳定、安全运行的关键。技术方案不仅影响到平台性能，还直接决定用户的使用体验、数据的安全性以及后续的运营维护费用。

#### （一）对技术需求进行详细分析

在确定技术方案之前，首先要对湖南省特色学徒制数字化平台的技术要求进行深入探讨。为了确定系统架构的承载能力，需要预测平台未来的用户数量以及可能的并发访问量。明确平台应具备的各种功能模块，包括但不限于课程管理、学员管理、教学互动和数据分析等，同时明确各个模块间数据交互的具体需求。为保护数据的安全性，还要评估平台在处理敏感数据（如用户资料、交易信息等）时的安全标准，并据此制定相关的数据加密和访问控制策略。应考虑平台在未来可能面临的功能拓展和业务变动，选择具备可扩展性和灵活性的技术解决方案。此外，运维的成本和维护的便捷性也是必须考虑的关键因素，需要重点评估不同技术方案在运维成本、技术支持和资源消耗等方面的差异，选择成本效益比最优的方案。

### (二)参考国内外学徒制数字化实践案例

为了更精准地选择技术解决方案,可以参考国内外在学徒制数字化领域的成功实践,并对其在技术选择、结构设计、实施成果等方面的经验进行深入分析。

**1.国外案例**

德国的双元制职业教育平台采用分散式的系统结构,并融合了云计算与大数据的技术手段,从而达到了资源的动态配置和高效使用。该平台的前端设计采纳了响应式的网页结构,能够支持多个终端的访问;在后端部分,选择了微服务的架构方式,把业务功能分解为若干个独立的服务模块,并通过API接口来实现交互。德国的双元制职业教育平台所采纳的技术策略的一个显著优点是,它的微服务架构增强了系统的扩展能力,从而方便进行快速的迭代和更新。

TAFE学院的在线学习平台采纳了软件即服务(SaaS)的模式。该平台是由专门的云服务供应商进行管理和托管的,学院只需根据需求进行付费,就能享受到平台所提供的各种服务。该平台整合了学习管理系统(LMS),能够支持在线课程管理、学员管理和教学互动等多种功能。TAFE学院的在线学习平台所采纳的技术策略的主要优点是,SaaS模式有效地减少了学院在IT方面的投资,同时增强了系统的稳定性和安全性。LMS的整合为教学管理带来了更高的便利性和效率。

**2.国内案例**

国家智慧教育平台运用了先进的大数据、云计算以及人工智能技术,是一个涵盖教学资源、教学管理以及学习分析等多个子系统的综合性平台。该平台的前端使用了HTML5和CSS3等先进的Web技术,能够支持跨浏览器的访问功能;在后端部分,使用了分布式数据库和微服务的架构,以确保系统具有高度的可用性和扩展性。国家智慧教育平台所采纳的技术选型方案的优点在于,利用大数据和云计算技术为平台提供了强大的数据处理和分析能力,使得平台能够实时追踪和分析学习者的学习行为,从而为个性化教学提供了强有力的支持。随着人工智能技术的进步,该平台的智能化程度得到进一步的提高,如提供智能推荐和智能问答等功能。

浙江省职业教育智慧教育平台运用云计算和虚拟化技术,成功构建了一个基于云计算的教育资源中心和教学管理系统。该平台提供多种教学模式的综合应用,包括线上教学、线下实训以及远程合作等。此外,该平台还整合了一个学习分析工具,可以对学习者的数据进行深入探索和解析。浙江省职业教育智慧教育平台所采纳的技术策略的主要优点是,云计算与虚拟化技术有效地减少了平台的运营维护费用,并优化了资源使用效率。

### (三)选择技术方案

在参考了国内外的成功实践后,在选择技术方案时,首先应明确基本原则。第一,先进性原则。优先选择在行业中处于领先地位的技术解决方案,以确保该平台在性能和功能上都有明显的竞争力。第二,实用性原则。要确保所选择的技术方案能够满足湖南省特色学徒制数字化平台的实际需求,避免过分追求技术的先进性而忽视其实用性。第三,可扩展性原则。鉴于平台在未来可能面临的功能拓展和业务调整,应选择那些具备高度可扩展性的技术解决方案,以确保在必要的时候能够方便地进行升级和扩充。第四,安全性原则。要高度重视数据的安全性和隐私的维护,选择配备全面安全机制的技术解决方案,以确保在处理敏感数据时能够充分保护用户的权益。第五,成本与效益的比例原则。在综合权衡技术方案的执行成本、运营维护费用以及所带来的经济效益等多个因素后,优先选择成本效益比最高的方案。

在设计具体的技术策略时,可以结合微服务架构和分布式系统的方法,将整个平台分解为多个独立的服务模块,并通过API接口来实现交互。在选择前端技术时,使用HTML5、CSS3、JavaScript等先进的Web技术来创建一个响应式的网页界面,该界面能够支持多种终端设备,例如PC端和移动端等。同时,采用前端框架技术,如React、Cue等,以提高开发的效率和页面的整体性能。在选择后端技术时，选择如Java这样的稳定且成熟的编程语言来构建后端服务，也可以选择使用Spring Boot等技术框架，简化开发过程并增强系统的表现。在选择数据库时，可以考虑使用MySQL或PostgreSQL等关系型数据库来存储结构化的数据。对于那些非结构化的数据，如视频和图片，可以选择使用分布式文件系统（例如HDFS）来进行存储。

在选择安全技术时，采用全方位的数据加密手段，如HTTPS协议和AES加密算法，以确保数据在传输和存储时绝对安全。为了确保用户权限的合法性和合规性，采用身份验证与访问控制的策略。为了应对数据可能的丢失或损坏风险，需要建立一个数据备份和恢复的系统。

在制定技术方案时，强化运维管理也是一个重要的考量因素。要部署一个全方位的监控系统，以对平台的运行状况进行即时的观察和预警。要创建自动化的运维工具，以提升运维的效率并减少相关的成本。为了应对突然发生的事件，还需要制定一个详尽的故障应急预案。

在智能时代，采纳人工智能技术以提高平台的智能化程度成了新的需求。可通过机器学习算法对学习者的学习行为进行深入的分析和预测，通过运用自然语言处理技术实现智能问答以及语音交互等多种功能，通过运用虚拟现实（VR）和增强现实（AR）技术为学习者创造一种沉浸式的学习环境。

## 二、安全管理

在湖南省特色学徒制数字化平台的构建过程中，强化安全管理成为确保平台平稳运行、保障用户数据安全和维持教育秩序的核心环节。安全管理不仅是技术防护的一部分，还涉及制度的构建、员工的培训以及紧急情况的响应等多方面的内容。

随着信息科技的迅猛进步，平台的安全风险也在逐渐增加，包括但不限于数据泄露、网络攻击以及恶意软件的出现。湖南省特色学徒制数字化平台承载着学徒培训、学校与企业的合作、资源的共享等核心功能，如果受到安全威胁，可能会引发敏感信息的泄露和教学秩序的混乱等严重的后果。因此，在平台的建设和推广阶段，强化安全管理措施以确保其安全性和稳定性是绝对必要的。

### (一)安全管理体系

湖南省特色学徒制数字化平台需要建立一套全面的安全管理体系,应明确平台的安全目标、安全准则、安全战略以及安全管理流程等方面的规定。安全管理体系的内容应该包括数据保护、网络安全、系统安全、物理安全等多个方面。平台应建立一个专门负责安全管理的部门或职位,以确保平台的安全性得到妥善管理。同时,要明确各级管理机构和员工的安全职责,以形成一个权责分明、分工清晰的安全管理组织架构。

为了使平台的操作行为更加规范并减少潜在的安全风险,还需要为平台制定详尽的安全操作指南。安全操作指南应当涵盖平台操作的每一个步骤,如用户的注册、登录、数据的访问以及系统的维护等,以确保所有的操作都满足安全标准。

### (二)安全技术手段

平台应当运用尖端的数据加密手段,以便对敏感信息进行安全的加密储存和信息传递。通过运用SSL/TLS等加密协议,确保数据在传输的过程中不会遭到窃取或者篡改。同时,需要定期替换和管理加密密钥,以避免密钥的泄露。

平台必须执行严格的访问管理和身份验证流程,以确保仅有获得授权的用户有资格访问其资源。为了增强身份认证的安全与稳定性,可以采纳多种技术策略,如多因素验证和动态口令等。在此基础上,对访问权限进行细致的分类,确保根据需求进行授权,遵循最小权限原则。

平台还需要配置入侵检测系统和防火墙等必要的安全工具,以便实时监控网络流量和异常行为,从而及时识别并预防可能的入侵攻击。与此同时,系统会定期进行漏洞的检查和补丁的更新,以消除可能存在的安全风险。

平台还应当构建一个全面的日志审查和实时监控系统,以详细记录用户的操作习惯和系统的运行状况。通过对日志中的数据进行深入分析,能够及时识别出不正常的操作和安全隐患，从而为后续的安全事件调查和处理提供有力的支持。

### （三）人员培训与管理

平台应当周期性地为管理层、技术专家以及用户提供安全意识的培训，以增强他们对潜在安全风险的鉴别和预防技能。通过组织安全教育课程、分发安全指南等多种途径，广泛传播安全常识，以提升公众的安全意识。

对于管理层和技术专家，平台应当提供专门的技能培训，以提升他们处理紧急情况的能力。培训的内容应当涵盖如何制定安全策略、如何评估安全风险以及应急响应的模拟演练等。

平台还需要构建完善的员工管理体系，并对管理层和技术专家进行深入的背景评估以及入职培训。与此同时，需要加大对员工日常职责的监控和评估力度，确保他们严格按照安全操作指南和保密协议行事。

### （四）应急响应与恢复

平台应当构建一个应急响应体系，明确规定应急响应的具体流程、负责的人员以及他们的联系信息。当安全事故发生时，应迅速激活紧急应对计划，集结资源进行处理，以降低潜在的损失。

平台有责任周期性地组织紧急情况模拟演练，以验证应急预案的实用性和有效性。在此基础上，对应急响应的各个环节进行深入的评价与概括，并持续地对应急预案进行完善与调整。平台还需要构建一个全面的数据备份和恢复系统，定期备份关键数据，并确保这些备份数据的完整性与适用性。如果落实了数据备份，即使出现数据丢失或损坏的情况，系统也能够迅速地恢复数据，保障平台正常运作。

## 第二节 组织保障

在湖南省特色学徒制数字化平台的构建过程中，组织保障机制成为确保平台顺畅运行、高效合作和持续优化的重要保障。

## 一、明确划分责任

明确的责任分配是组织保障策略的关键部分之一。明确各个参与方的职责不仅可以提高工作效率,还可以有效地避免责任推诿和资源浪费,为平台的成功建设和推广奠定坚实的基础。

### (一)组织结构

为了确保湖南省特色学徒制数字化平台能够正常运作,首要任务是构建一个健全的组织结构,涉及领导小组、执行机构以及监督机构这三个关键领域。

领导团队主要承担平台的总体策略规划、政策的制定以及重大事件的决策工作。领导小组的成员应当包括来自教育部门、人力资源和社会保障部门、财政部门的相关负责人,以及行业专家和企业代表等。此外,还应建立一个执行部门,主要负责平台的常规运作、技术援助、内容更新以及为用户提供服务等。执行机构可以是教育部的信息中心、职业教育集团或是专门成立的项目组。为了确保学徒制数字化平台的有效运营,建立一个监督机构也是至关重要的。监督机构的主要职责是对平台的运营状况进行全面的监控和评价,以保证平台的合规性和高效运作。监督机构的工作人员可以由政府的审计部门或教育部的监督机构来担任。

### (二)职责分配

#### 1.政府

在湖南省特色学徒制数字化平台的构建和推广过程中,政府起到了不可或缺的作用。首先,为了激发学校、企业和行业协会等相关主体的工作热情,政府应当推出一套全面的支援政策,其中包括财政补助、税务减免和项目资金支持等。此外,政府需要制定相应的政策文件,明确平台建设的目标、原则、标准和要求,以便为平台的建设提供政策指导和方向。政府还需要执行其监管职责,以确保平台能够在合法和合规的条件下正常运行。要构建完善的监管体系，并对平台的运作状况进行周期性的审查与评价。针对违反法律法规和政策的行为，制定严格的处理措施，并进行严格的查处。与此同时，鼓励社会各界进行监督，确保投诉和举报的通道畅通无阻，从而构建一个多方共同参与的良好环境。

**2.学校**

在湖南省特色学徒制数字化平台建设过程中，学校肩负着培训人才的职责。学校在制定人才培养计划时，应结合市场的需求和企业的期望，确保培养目标、课程设计、教学方法和评估标准都是科学合理的。此外，为了确保学徒能够接受高质量的教育和培训，学校还需要与企业深化合作。

学校应该充分利用资源整合的优势，积极寻求政府、企业以及社会各方面的支持，以确保平台建设得到必要的资源保障，包括资金、技术、人力、场所等众多领域的资源。学校应与企业进行深入的合作，引进企业的尖端技术和先进设备。此外，还可以借助教师团队的研发能力，为平台提供必要的知识和技术支持。

**3.企业**

在湖南省特色学徒制数字化平台建设过程中，企业起到了实践指导的关键作用。企业应依据其独特的生产和经营特性，为学徒创造真实的工作环境和实践机会。企业应选择有丰富经验的技术专家作为导师，为学徒提供一对一的专业指导。此外，还可以鼓励学徒参与到企业的生产项目和技术研究中，从而增强他们的实际操作能力和创新能力。

企业还应该主动地参与到学徒的职业对接中。企业通过与教育机构的合作，能够提前掌握学徒的全面素养和专业技术能力，为表现出色的学徒提供就业机会。这样不仅有助于满足企业对劳动力的需求，还能有效提升学徒的就业成功率和整体就业质量。

**4.行业协会**

在湖南省特色学徒制数字化平台建设过程中，行业协会肩负着制定相关标准的重要任务。行业协会在制定技术标准和操作规范时，应考虑到行业的独特性和市场的需求。建立的标准和规定为平台的搭建和操作提供了技术上的指引和参考，也有助于推动行业内的标准和规范的进步。

行业协会可以组织政府、学校、企业以及平台运营团队等不同的参与方进行深入的交流。行业协会还能提供信息咨询以及技术援助等多种服务。行业协会能够发挥协调和沟通的作用，有助于推动各参与方之间的合作和共赢，为平台的建设和推广创造一个有利的外部环境。

#### 5.平台运营团队

湖南省特色学徒制数字化平台的建设和运营管理主要依赖于平台运营团队这一核心团队。平台运营团队在制定平台建设方案时，应综合考虑政府、学校、企业以及行业协会等各方面的需求和建议，确保方案的科学性和合理性，包括平台的结构设计、功能模块的开发、用户界面的设计以及测试和验收等。为了确保平台功能的完善性、性能的稳定性以及安全性，平台运营团队必须采用尖端的信息技术与方法。

平台运营团队需要承担平台的运营和维护管理职责，包括日常监视、数据备份、安全保护以及系统升级等。平台运营团队必须构建并完善运维管理流程以及紧急应对计划，定期对平台的使用状况进行深入的分析和评价，迅速识别并处理当前存在的问题与潜在风险，确保平台能够持续稳定地工作并不断进行优化。

### (三)合作交互

在湖南省特色学徒制数字化平台的建设过程中，政府、学校、企业、行业协会和平台运营团队等多方主体需要建立紧密的协作和互动关系，共同拟定科学且合适的计划和策略，明确各自的职责，以确保平台建设和推广的协同效应。此外，各参与方还应构建一个完善的反馈系统，以便及时收集和处理来自各方的反馈和建议，持续地优化和完善平台的功能和服务，确保平台能更有效地满足用户和市场的需求。

实施定期召开会议的机制，确保会议能够定期进行，对平台的运营状况进行审查，并协调解决关键问题。为了确保政策、数据和经验等各类信息能够及时地传播和共享，需要完善信息共享机制。同时，应建立一套完善的监督和评估机制，以确保对平台的运营状况进行定期的评价，给出改进的建议，并确保执行机构的执行情况得到落实。

## 二、构建合适的主体合作方式

在湖南省特色学徒制数字化平台建设过程中，选择合适的主体合作策略尤为关键。应明确合作模式，确保所有参与方能够有效协作，以共同促进平台的持续发展。

### （一）对主体进行明确定义

在湖南省特色学徒制数字化平台建设过程中，参与主体涵盖政府、职业教育机构、企业、行业协会、科研单位以及平台运营团队等，各参与主体扮演着独特的角色，各自肩负着特定的责任和使命。

作为政策的制定者和监管者，政府应在政策支持、资金引导、标准制定和监管评估等方面发挥作用，为平台的发展创造有利的外部环境。职业院校作为培养人才的主要场所，负责课程内容的开发、教学资源的整合、教师队伍的培训以及学生实习和实训的管理等，是平台内容建设和应用的核心力量。企业作为学徒制的直接受惠方，其在平台建设中的积极参与对于提高学徒的培训品质是非常关键的。为了实现产教融合，企业需要提供真实的岗位需求、技术实例、实践指导等多种资源，并与职业教育机构合作，共同制定人才培养计划。行业协会作为一个行业的自律和协调机构，在平台建设过程中扮演着桥梁和纽带的角色。行业协会能够帮助政府建立行业规范，推动学校与企业之间的深度合作，并促进资源的共享和创新。研究机构在科研领域具有显著的优势，主要提供技术援助和进行理论研究，为平台的建设提供尖端的技术方案，并进行平台应用效果的评估和优化策略的研究。平台运营团队承担着平台常规维护、功能更新、为用户提供服务以及数据的深入分析等职责，以确保平台的稳定运作，提升用户的使用体验。

## （二）对合作方式进行研究

考虑到不同主体的特性，在构建合作模式时应遵循“政府主导、学院为主、企业参与、行业协同、科研支持、市场导向”的原则，形成一个多方参与、共同创新的合作框架。

政府的引导和政策的支持是各方合作的基础条件。政府有责任推出一套全面的支持政策，以明确平台建设的具体目标、职责、资金支持和激励机制，同时要加大政策的宣传力度，以提升社会各方面对平台的认知和参与度。强化平台项目的管理和监控是确保合作双方有效合作的关键。可设立项目管理办公室或专门的工作小组，主要负责项目的总体策划、进度追踪、质量监督以及效果评价，确保项目能够按照预定的目标稳步进行。加大资金投入是促进主体合作的经济策略。为了确保平台建设得到足够的资金支持，可采取建立专门的基金、提供经济补助以及吸引社会资本等多种措施。

职业教育机构应当根据企业的实际需求和行业标准，设计和开发与学徒制相匹配教学资源，包括在线课程、教学视频和虚拟实训系统等，以确保教学内容与实际工作需求完美结合。此外，还要加强教师在信息化教学方面的培训，以提高他们在数字化平台上进行混合式教学的技能。同时，可以聘请企业专家担任兼职教师或实践导师，以增强教学的实用性和针对性。为了加强对学生的管理和评估，可利用特定平台创建学生信息管理系统，确保学籍、学业成绩、实习和实训等关键信息能够实时更新和共享。同时，还应建立一个多样化的评价体系，将企业和社会的评价纳入学生的综合评价中。

企业在平台建设的各个阶段都应积极参与，提供真实的岗位需求数据，并与职业学院合作，共同制定人才培养计划和课程标准，以确保学徒的培训与企业的实际需求高度一致。企业还可以为学徒提供高质量的实训基地和实习职位，支持学徒在企业导师的指导下进行真实的项目实践，从而提高他们的职业素质和技能水平。企业应当将最新的技术、工艺和案例融入平台中,以丰富教育资源,并与职业教育机构合作进行技术研发,以促进技术创新和产业升级。

行业协会应当在平台建设过程中积极参与行业标准和规范的制定,促进行业信息的共享和资源的整合。此外,还可以创建行业交流平台,定期组织研讨会、论坛等活动,以加强校企之间的沟通和交流,推动项目对接和产学研合作。行业协会还可以利用平台进行职业认证和技能鉴定,从而增强学徒的职业竞争力,提高学徒的就业率。

在平台建设过程中,科研机构应对关键的技术问题进行深入研究,并提供尖端的技术方案,以支持平台功能的提升和技术创新。此外,可以采用大数据技术对平台的运行数据进行深入的分析和挖掘,从而为政府的决策制定、学院的管理以及企业的运营活动提供科学的依据。

为了确保平台能够持续健康发展,应探索多种盈利策略,包括会员制、广告收益、增值服务以及项目合作等。应强化品牌塑造和市场宣传活动,提高平台的知名度,以吸引更多的用户和合作伙伴参与。要构建和完善风险管理体系,对平台在运行中可能遭遇的各种风险进行预测、评价并采取应对措施,以确保平台能够安全且稳定地运行。

### (三)对合作流程进行优化

为了保证合作机制能够有效地运作并持续地得到优化,可以从以下几方面努力:第一,构建有效的沟通与协调体系,周期性地组织联席会议或工作协调会议,以加强各参与方之间的信息交流和沟通,及时解决出现的各种问题和冲突。第二,完善利益分配策略,明确各参与方在合作过程中的输入和输出比例,构建一个公正且合理的利益分配体系,以激发各参与方的工作积极性。第三,加强监督和评估,构建并完善监督和评估机制,对平台的整个建设过程进行持续的监控和评价,确保所有任务都能按照预定的时间和质量完成。第四,促进文化整合和团队建设,强化各参与主体间的文化互动和团队建设活动,以促进彼此的理解和信任,塑造出共同的价值观和团队精神。

## 三、人才队伍的组织与建设

在湖南省特色学徒制数字化平台的建设过程中，人才队伍的组织和建设成为确保平台能够高效运作、持续创新和产生广泛影响力的核心因素。拥有结构合理、技能高超且充满活力的人才团队，不仅可以为平台在技术研发、运营管理、内容创作和市场推广等各个环节提供坚实的支持，还可以促进平台与教育机构、企业、行业协会等多方资源的深度整合，从而推动学徒制教育模式在数字化时代的转型升级。

### （一）明确人才需求

要根据平台的长期发展策略，结合当前的学徒制教育趋势、数字化技术的应用前景以及湖南省的特色产业需求，对平台所需的人才类型、数量和技能结构进行科学的规划和精确的定位。平台建设需要多种人才类型，包括但不仅限于技术研发专才（如软件开发工程师和数据分析师）、运营管理专才（如项目经理和产品经理）、内容创作专才（如课程设计师和教学视频制作专家）、市场推广专才（如营销策划和品牌公关）以及具有跨领域融合能力的复合型人才。

由于外界环境的不稳定以及平台所处的发展阶段发生变化，对人才的需求也会发生变化，应作出相应的调整。应构建一个灵活的人才管理体系，周期性地评估和调整人才需求，以确保人才的供应与平台的发展需求高度一致。同时，应强化人才储备库的建设，通过学校与企业合作、社会招聘等多个途径，确定并培育未来的人才。

### （二）吸引优秀人才

充分运用互联网和社交媒体等新型媒体平台，拓宽人才招募的途径，并确保招聘信息的广泛覆盖和准确性。此外，平台还要加强与国内外著名大学、研究机构、行业协会等的合作，通过举办人才招聘会、专题讲座、项目合作等多种方式，吸引更多优秀人才的关注与加入。

为适应各种不同的人才类型，要制定灵活的人才引进方案。对于高水平的专业人士，可以提供有竞争力的薪资和福利、科研启动资金以及住房保障等一系列优惠政策；对于年轻人，则注重为他们提供职业发展空间。此外，要构建和完善人才引进的评估体系，以确保人才引进的质量和效益都得到保障。

### （三）提高人才的能力和素质

提供量身定制的培训，满足个性化需求。基于员工的职责、当前的能力状况和未来的发展需求，制定并实施培训方案。培训的内容应该包括多个方面，如专业知识、技能提升、团队合作、创新思维等，以确保员工的能力和素质与岗位要求相匹配，并具有持续学习和自我提升的能力。

通过实战模拟，加强实际应用技巧。强调培训的实用性和针对性，通过模拟项目、案例分析和角色扮演等多种方式，使员工能够在实际操作中提高自己的技能并积累经验。同时，鼓励员工积极参与平台的重大项目研发和实施过程，通过实际操作来提高他们的个人能力。

创建学习共同体，推动知识的共享。鼓励员工之间形成学习共同体，通过分享经验等方式，进一步推动知识的传播和分享。此外，积极引进外部的专家资源，定期组织各种讲座和研讨会，以扩大员工的视野并激发其创新思维。

### （四）完善激励制度

落实绩效评估的根本途径是构建一套科学合理的绩效考核机制，并明确其考核的标准和流程，以确保考核结果的公正性和公平性。考核结果应与员工的薪资、福利待遇、职位晋升和培训机会等紧密相关。同时，强调将过程管理与结果导向紧密结合，激励员工追求卓越、勇于创新。

塑造充满正能量的企业文化环境，并强烈推崇诚信、创新、合作等核心价值。通过组织各种形式的文化活动，如团建活动、表彰大会和员工生日会等，增强员工的归属感和幸福感。同时，高度重视员工的心理健康和职业成长需求，为他们提供量身定制的职业规划和指导服务，确保员工能深切感受到平台的关心和支持。

### (五)打造和谐团队

通过组织团队建设活动和实施跨部门的合作项目,加强员工间的交流和理解,进而推动团队成员之间的协作和优势互补。同时,建立一个高效的沟通和反馈机制,以确保信息的流畅传递和问题的及时处理。

鼓励员工保持开放和包容的心态,勇于面对新的事物。通过建立创新基金和组织创新大赛等多种方式,激发员工的创新思维和创造力。同时,建立一个容错机制和快速迭代的文化环境,以激励员工在试错中不断成长,在创新中实现重大突破。

通过主动地参与各种社会公益活动履行社会责任,塑造正面的品牌形象。同时,加强与政府、媒体和公众等多方面的交流和合作,以共同推进学徒制教育模式向数字化创新发展。

## 第三节 经济保障

### 一、对成本进行有效控制

在湖南省特色学徒制数字化平台建设过程中,经济保障是确保项目能够顺利进行、持续运作和不断优化的基础。其中,成本控制被视为经济保障的关键部分,直接影响到平台的总体经济回报和其持续发展的潜力。

### (一)成本规划

#### 1.确定成本目标

项目刚开始时,应该清晰地设定成本控制的整体目标,即在确保平台功能齐全、性能持续稳定和用户体验出色的基础上,尽可能地减少项目的总成本。在项目规划的各个阶段,项目团队需要对平台建设的每一个环节进行深度的分析,以识别可能存在的成本风险,并据此制定出相应的应对方案。

2.规划成本预算

依据成本目标,制定一份详尽的成本预算方案,涵盖人力资源、设备购买、软件开发以及运营维护等多个方面。在制定预算的过程中,应当深入考虑市场价格的波动、技术的更新和替代等多种因素,以确保预算的合理性和实际操作性。此外,还要建立一个预算调整机制,以确保在项目执行过程中能够根据实际需求作出灵活调整。

3.加强对成本的认识

确保每位团队成员都深刻理解成本管理的核心价值。采用组织培训和案例分析等多种方法,增强团队成员在成本控制方面的意识。此外,实施成本责任制,将成本控制的目标逐级细化,确保每一个岗位和个体都能得到落实,从而营造出一个全员参与和共同控制的积极环境。

(二)预算管理

1.对预算进行细致的管理

为了达到成本控制的目的,预算管理需要在每个项目的各个阶段,甚至是每一个具体的任务中都进行细致的划分。为了确保预算的执行准确高效,应制订详尽的预算方案、构建预算的监督机制以及定期进行预算分析。同时,要加大对预算执行的监控和评价力度,以便及时识别并处理预算执行过程中可能出现的问题。

2.实施动态化的预算管理策略

考虑到项目执行过程中外部环境的波动和内部资源的重新配置,预算计划需要及时进行调整。这意味着项目团队需要拥有对市场迅速反应的能力,能够准确地把握市场的变动和发展方向,根据这些信息及时地调整项目的策略和资源分配。此外,平台还需要加强与各相关部门之间的沟通和协作,以确保预算调整的时效性和精确度。

### 3.加强对预算实施的监管

构建并完善预算执行的监管体系，强化对预算执行状况的持续监督和审查。为了确保预算执行的规范性和合法性，可以通过建立特定的监管机构或职位以及定期进行预算执行审计等多种手段来实现。对那些违背预算条例的行为，必须严格追责并实施相应的处罚措施。

## （三）技术革新

### 1.采纳前沿的科技手段

积极融入云计算、大数据和人工智能等前沿技术，以增强平台的自动化和智能化程度。通过技术创新改进平台的结构设计，提高数据处理效率，并减少运营维护的费用。同时，通过技术创新促进业务模式和产品的创新，扩大平台的收入渠道。

### 2.强化独立研发能力

提高独立研发的资金支持，以增强平台的核心竞争优势。通过独立研发掌握核心技术和关键算法，减少对外部技术的依赖，降低采购成本。同时，借助技术创新促进产品的持续更新，提升用户体验，从而增强平台在市场上的竞争优势。

### 3.推动产、学、研合作

强化与高等教育机构、科学研究单位以及其他产学研合作实体之间的合作与互动。通过共同创建实验室和合作研发项目等多种途径，实现研发资源和技术成果的共享。同时，通过充分利用高等教育机构和科研单位的人才储备和科研能力，提高平台的创新潜力和技术标准。

## （四）运维管理

### 1.执行高效的运营管理

为了降低运维的成本，采纳精益运维的观念，通过改进运维流程提升运维效率。构建一个健全的运维管理架构和监控平台，确保对平台的运行状况进行实时的观察和预警。同时，加大对运维人员的培训和管理力度，以提升他们的专业知识和维护能力。

#### 2.推动自动化的运营维护

采用自动化的运维工具和技术方法，可以实现运维的自动化与智能化。借助自动化的部署、测试和监控手段，可以有效地提升运维的效率与品质。此外，通过应用人工智能技术，能够预测和智能地诊断运维中的故障，从而有效地减少运维费用和潜在风险。

#### 3.强化安全维护和管理

加大平台的安全维护力度，确保平台稳定且安全地运作。构建健全的安全保护体系和紧急应对机制，以便能够及时识别并解决安全缺陷和攻击行为。同时，加大安全培训和教育的力度，以提升员工的安全意识和预防能力。

#### 4.进行全面的风险评估

周期性地对平台进行全面的风险评估，以识别可能的风险因素，并据此制定出针对性的应对方案。例如：构建一个风险预警系统，以便能够及时识别并解决可能出现的成本超出预算的问题；制定紧急应对计划，以确保在突发情况发生时能够迅速作出反应并减少损害。

## 二、拓宽资金来源渠道

在湖南省特色学徒制数字化平台建设过程中，经济的保障成为确保项目能够持续运营和扩展的核心要素。除了对成本进行有效管理，增加资金来源也是至关重要的，可以为平台带来更丰富的资源，促进技术的革新、功能的进一步完善和市场的进一步拓展。

### (一)政府支持

积极争取中央与地方政府的特定资金援助，尤其是为职业教育和数字化转型所设立的资金项目。政府通过基金项目、提供补助和奖励等多种途径,能够为平台提供所需的财务援助。利用政府的各种优惠政策,如税务减免和贷款利息补贴等,可以有效地降低平台的运营成本,间接地增加资金来源。政府将周期性地公布各种教育和科技项目的招标信息,平台应当积极地参与这些项目的竞标,努力与政府相关部门进行合作,以推动项目实施。通过项目合作,平台不仅可以得到直接的财务援助,还可以利用政府的影响力和资源来提高平台的知名度,从而为未来的资金募集奠定坚实的基础。

### (二)学校与企业的协同合作

鼓励企业和学校共同参与平台的建设和运营,通过共同投资来扩大资金来源。考虑到未来的人才需求和品牌推广,企业有可能为平台的进一步发展注入资金。企业不仅可以投入资金,还能提供实训设备和实习职位等资源,降低平台的投资成本。

### (三)将社会资本纳入其中

首先,通过筹集资金的手段吸引社会资本。将社会资本纳入其中,不仅能为平台提供足够的财务支持,还能利用风险投资机构的专业资源和丰富经验促进平台的迅速成长。

其次,尝试采用众筹的方式来筹措资金。通过在线平台向大众展示项目的愿景、目标和计划,吸引对职业教育和数字转型感兴趣的投资者参与众筹。

最后,积极寻求公益基金的资助。平台应当主动与各种公益基金建立合作关系,通过提交项目申请书、展示平台的社会价值和公益属性等途径争取公益基金的支持。这些资金支持不仅有助于缓解平台面临的财务压力,还能塑造平台的公益形象,提高影响力。

## 三、构建合作关系

### (一)行业中的合作

与该行业内的各种企业和机构建立紧密的合作伙伴关系,以共同促进湖南省特色学徒制数字化平台的进一步发展。通过构建合作伙伴关系，平台能共享各种资源，减少运营成本，并进一步拓宽市场份额。

### （二）跨领域的合作

平台应积极探索与金融、教育、科技和文化等多个领域的跨界合作，通过联合研发新产品、共同组织活动，以吸引更多的跨界资金和资源投入平台中。这样的合作模式不仅有助于拓展资金的来源，还能为平台开辟新的发展方向。

### （三）采用合作性的运营策略

通过改进合作的流程，提升运营效率，减少运营成本，提高服务品质。不仅可以提升用户的使用体验和满意度，还有助于减少平台的运营开销，提高平台的盈利潜力。例如，利用云计算和大数据等尖端技术可以减少IT的开销，通过细致的管理手段可以提高人力资源的使用效率，通过收集用户的反馈和进行数据分析可以持续地完善产品与服务。

## 四、为客户提供附加的价值服务

在湖南省特色学徒制数字化平台建设过程中，经济保障不仅依赖于外部资金的注入和有效管理，还取决于平台本身的盈利能力和价值创造。作为平台经济保障的一个关键环节，提供增值服务不仅能确保平台收入的稳定性，还能增加用户的忠诚度，从而提升平台的整体竞争力，形成一个健康的循环。

### （一）增值服务制定准则

#### 1.围绕用户的具体需求

设计增值服务时，必须始终以满足用户的需求为首要准则。例如，通过对市场的深入研究和对用户的细致分析，可以更好地了解用户在学徒制学习过程中遇到的问题和需求，从而制定出更符合用户预期的增值服务。平台要拥有对市场的敏感洞察力和对用户需求的高度同理心，以确保能够准确捕捉到用户需求的变动趋势。

**2.加强关键的竞争优势**

增值服务应当展现出平台在学徒制数字化方面所拥有的竞争优势。通过提供个性化和创新的增值服务，能够进一步稳固平台在市场上的地位，吸引更多的用户关注和使用。

**3.提升用户的使用体验**

用户的使用体验是实现增值服务的核心因素。平台应当确保增值服务的操作流程简洁方便、用户界面友善、反应速度快，以增强用户的满意度和忠诚度。此外，平台应当重视增值服务的定制化，以满足用户的独特需求。

**4.致力于实现持续的盈利**

在设计增值服务时，应当充分考虑平台的长远盈利目标。通过采用合适的价格设定策略和成本管理手段，能够确保增值服务具有盈利潜力，并为平台的长期稳健发展提供财务支持。

### （二）增值服务种类

**1.提供定制化的学习策略**

考虑到用户各异的学习需求和目标，平台可以为用户提供定制化的学习策略。基于用户的兴趣、技能和职业发展计划进行个性化定制，包括为用户推荐合适的课程、设计学习方案以及提供学习进度的追踪服务。通过个性化的学习策略，用户可以更有效地完成学习任务。

**2.提供职业规划和发展的专业咨询服务**

平台可以雇用行业内的权威专家或经验丰富的职业顾问，为用户提供关于职业规划和发展的专业咨询服务。这类服务能够协助用户掌握行业的最新趋势、进行职业前景的深度分析、制定未来的职业规划，从而为用户在未来职业生涯中提供强有力的支持。此外，平台还可以依据用户的学习表现和成果，为他们提供合适的实习或工作机会。

**3.提供实训和认证服务**

为了提升用户的实际操作能力和职业竞争力，平台可以提供实训和认证服务。通过与企业合作创建实训基地或者引进在线实训平台，能够为用户提供真实的工作环境和实际操作的机会。用户在完成实训之后，能获得相应的认证证书或学分，这些证书或学分可以作为他们求职或升学的有力凭证。

**4.创建学习社区和交流平台**

为了加强用户间的互动和沟通，平台可以创建学习社区和交流平台。平台可以提供论坛、微信群和在线会议等多样化的形式，方便用户分享学习经验和解决疑惑。通过营造一个积极向上的学习环境和社群文化氛围，能够增强用户的归属感和认同感，同时能够提升用户的活跃度和参与程度。

**5.提供数据分析和报告服务**

平台可以结合大数据与人工智能等先进技术，为用户带来定制化的数据分析和报告服务。通过深入分析用户的学习行为、成绩表现和职业倾向等多方面的数据，为用户未来的学习和职业规划提供分析报告。

**6.为会员提供专属服务**

专属会员服务指的是为高级会员提供独特的学习资源，高级会员能够优先参与各类活动、享受各种折扣优惠等，同时，还可以为高级会员提供一对一的辅导服务。此外，要提升服务能力，应致力于开发高质量的产品，如电子书、视频教程、音频讲座等。可以通过与企业会员单位的合作来实施特定的项目，如技术研发和产品设计等。

### （三）市场定位和市场推广策略

**1.清晰地确定市场方向**

在正式提供增值服务前，平台必须清晰地确定其在市场中的位置。这涉及识别目标用户、深入分析市场的需求以及评估竞争状况等多个方面。通过对用户需求和行业动态的深入洞察,平台能够精准地识别市场的机遇与挑战,并据此制定出合适的市场策略和营销方针。

2.制订市场营销策略

考虑到市场的定位以及目标用户群的独特性,平台应制定有针对性的市场策略。这涉及制订品牌推广策略,以增强品牌的知名度和声誉;为了吸引用户的注意和兴趣,制定内容营销策略;为了扩大市场的覆盖范围和影响力,制定相应的渠道营销策略。此外,平台还需密切关注市场的最新趋势和用户的反馈,以便及时地调整和完善其营销战略,适应市场的不断变化。

3.加强品牌的构建

品牌的构建被视为提高平台竞争优势和市场影响力的核心。平台应当重视品牌形象的建立和推广,通过提供高品质的产品与服务获得用户的信赖和肯定。此外,为了提高品牌在社会上的影响力和在行业中的地位,平台还应主动地参与各种社会公益活动和行业活动。

(四)持续优化措施

1.构建用户反馈系统

为了及时掌握用户对于增值服务的满意程度以及用户的反馈和建议,平台有必要构建一个全面的用户反馈系统,包括建立在线客户服务、设立投诉热线、创建用户反馈论坛等。此外,还应定期搜集和分析用户的反馈信息,以更好地了解他们的需求和满意度。

2.对用户反馈进行及时处理

面对用户的反馈和建议,平台应迅速地进行相应的处理。对于那些既合理又实用的建议,平台应当采纳并执行相应的改进方案;对于那些不合逻辑或难以实施的建议,应该耐心地向用户阐述其背后的原因,并探索其他可能的解决方法。通过对用户反馈的及时响应和对服务质量的持续优化,能够提升用户的满意度和忠诚度。

### 3.不断提升增值服务的质量

根据用户的反馈以及市场的动态变化,平台应当不断地完善其增值服务。这涉及根据用户的具体需求调整服务的内容,基于市场的发展方向引进新的服务内容和技术方法,不断提高服务的品质以及用户的使用体验。通过不断完善平台的增值服务,并持续创新服务方式和技术策略,能够维持平台在市场上的竞争地位并持续地增强其价值。

## 第四节 法律保障

### 一、进一步完善知识产权体系

在湖南省特色学徒制数字化平台建设过程中,完善知识产权体系被视为非常关键的部分。知识产权不仅涉及技术创新和知识成果的维护,更是促进平台健康持续发展和激发创新活力的核心因素。

### (一)完善法律法规

### 1.明确地界定知识产权的所有权归属

当平台与学徒、企业、教育机构等各方进行合作时,应签署明确的合同,明确知识产权的归属、使用权限、收益分配等事项,以避免未来的纠纷。平台应当构建一个健全的内部知识产权管理体系,明确规定员工在研究开发和教学活动中涉及的知识产权的所有权,以确保平台能够有效地控制关键技术。

### 2.强化对知识产权的维护和保护

对于关键的技术、软件和课程内容,应当及时完成专利、商标和著作权等知识产权的注册,以确保在法律层面得到充分的保障。可使用版权保护软件等技术工具,以确保平台上的数字内容得到充分的保护,避免未经授权的复制和传播。建立一个能够迅速响应的知识产权保护机制,一旦发现侵权行为的发生,应立刻采用法律途径进行维权,包括发送警告信、发起诉讼等。

#### 3.推动知识产权的广泛应用

鼓励平台上的知识产权所有者通过各种方式如许可和转让,将知识产权转化为实际的经济收益,从而推动知识产权在商业上的应用。强化与高等教育机构、科学研究单位以及企业等相关单位在产学研方面的合作,共同推动新技术和新产品的研发,促进知识产权的创新和应用。组建一支专业的知识产权管理团队,负责处理知识产权的评价、交易和融资等,以提高平台在知识产权方面的运营效率。

#### 4.对相关的法律法规进行完善

平台需要紧密关注国家和地方在知识产权方面的法律法规和政策的最新动态,并对平台的知识产权保护策略进行及时的调整和完善。各相关机构应当积极地参与知识产权有关的法律和标准的制定,为平台的进一步发展创造更加有利的法律条件。

### (二)强化管理

#### 1.构建一个知识产权的管理框架

湖南省特色学徒制数字化平台应当构建和完善知识产权的管理架构,明确平台在知识产权管理中的职责、操作流程以及标准要求。为了提升平台内部的知识产权管理效率,应制定知识产权管理规定、创建知识产权档案以及强化知识产权培训等。此外,应深化与外部知识产权服务机构的合作与沟通,吸引行业专家协助完成平台的知识产权管理任务。

#### 2.强化对知识产权风险的管理

在平台的运营阶段,应重视知识产权风险的识别、评价以及管理。通过构建知识产权风险预警系统,制定相应的风险应对预案,增强平台在知识产权风险预防和应对方面的能力。此外,应加大对平台内部员工在知识产权教育和管理上的投入，避免由于内部员工的疏漏或有意的行为引发知识产权相关的风险。

### 3.推动知识产权的实际应用

为了更好地实现知识产权的实际应用和经济回报，湖南省特色学徒制数字化平台应当深化与产业界的合作和交流。通过构建知识产权的交易平台，实施知识产权的质押融资策略，可以进一步推动知识产权的实际应用，推动其向商业的方向发展。此外，应该加大对高价值专利的保护力度，形成一系列具有国际竞争力的知识产权优势企业和产业集群。

## （三）加强宣传

### 1.加大知识产权教育力度

进一步强化对社会公众的知识产权普及教育。通过在学校、企业和社区等多个场所进行知识产权的宣传和教育活动、组织知识产权知识竞赛等多种手段，提升社会大众对知识产权的认知和关注度。此外，还要加大对青少年学生的知识产权教育力度，以培养他们的创新思维和知识产权意识。

### 2.培育知识产权专业人员

为了更好地满足湖南省特色学徒制数字化平台对知识产权专业人才的需求，应该增加对知识产权专业人才培养方面的资金投入。通过开设知识产权专业、实施知识产权培训项目等多种方式，培养一群具备深厚专业知识和实际操作能力的知识产权领域的专业人才。还应深化与国内外著名大学和研究机构的合作与沟通，采纳前沿的知识产权教育观点和授课方式。平台应定期为员工提供关于知识产权法律、保护策略等方面的培训，以增强他们的知识产权保护意识。

### 3.宣传知识产权的文化价值

为了深化湖南省特色学徒制数字化平台在知识产权保护方面的工作，应当积极推动知识产权文化的普及。通过组织知识产权文化节、知识产权论坛等多种形式的活动，营造一个尊重知识、推崇创新、保护知识产权的健康社会环境。此外，还应该加大对知识产权典型案例的宣传和报道力度，以提高社会大众对知识产权保护工作的关注和参与度。

## 二、建立隐私保护机制

在湖南省特色学徒制数字化平台建设过程中，建立一个健全的隐私保护体系是绝对必要的。随着信息技术的快速进步，保护数据隐私已经成了社会普遍关心的问题。湖南省特色学徒制数字化平台涉及学生、教师和企业等多个群体的敏感数据，隐私的维护尤为关键。

在数字化时代，数据成了新的生产要素和战略性资源。在数据的采集、保存、加工和传递阶段，隐私被泄露的可能性也相应地提高了。湖南省特色学徒制数字化平台所包含的数据涵盖学生的个人资料、学习历史、与企业的合作记录以及教师评价等。如果这些数据被泄露，不仅可能侵犯到学生的隐私权，还可能对平台的声誉、教育体系的稳定带来深远的负面影响。

尽管我国在网络隐私权的保护上已经取得了很多成果，但与发达国家相比，仍然面临着法律框架不完善、监督机制缺陷以及企业缺乏自我约束意识等问题。建立湖南省特色学徒制数字化平台隐私保护机制，能够确保平台的健康持续发展。

### （一）建立隐私保护机制的基本原则

#### 1.合法合规

必须严格按照国家关于网络隐私保护的相关法律和规定，确保平台运营期间所有的数据处理行为都严格遵守法律的规定。

#### 2.最基本原则

在搜集和利用个人资料的过程中，始终遵循最基本的原则，也就是只收集为实现服务所需的最基本信息，以防止信息的过度搜集。

#### 3.透明可控

明确地向用户解释收集和使用个人信息的目标、方法、范围以及相应的保护措施，以确保用户能够对自己的个人信息进行有效的控制。

**4.安全可靠**

实施必要的技术与管理手段，以确保平台数据的安全与可靠性，避免数据的泄露、篡改或滥用。

**5.明确责任**

明确各个参与方，包括平台运营方和数据处理方的职责和义务，并构建一个完善的问责制度。

## （二）构建隐私保护体系的步骤

**1.确立保护隐私的具体政策**

平台有责任制定明确、清晰和详尽的隐私保护政策，指导用户有效地收集、利用、储存及维护个人资料。隐私保护政策应该包括信息收集范围、目的、使用方式、存储期限以及用户权利等。隐私保护政策应当以容易理解的形式公之于众，以确保用户注册和使用平台之前，能够完全理解并接受相关的规定。

**2.强化对数据的安全监管**

通过使用加密手段，对用户的敏感数据进行加密处理，以确保数据在传输和储存阶段不被非法捕获或篡改。执行严格的访问管理制度，以确保经授权的人员有权限访问用户的私人资料。同时，对访问的记录进行持续的监视和审查，以确保能够及时识别并应对可能的安全隐患。周期性地对平台的数据安全性进行全面评价和审查，以便及时识别并修补存在的安全缺陷和风险。

**3.确保用户权益得到维护**

确保用户的知情权、选择权、更正权以及删除权得到保障。确保用户有权利了解他们的个人资料是如何被搜集和利用的。用户有权决定是否分享自己的个人资料以及提供的具体信息。平台应当尊重用户的选择自由,不能以任何形式强制或变相地要求用户提供其个人资料。用户有权要求平台对其个人资料中的错误或遗漏进行纠正。当用户不再依赖该平台的服务或觉得其个人资料有泄露的风险时,有权向平台提出删除其个人资料的请求。

#### 4.遵循规定运营

平台必须严格按照《中华人民共和国网络安全法》《中华人民共和国个人信息保护法》以及其他相关的法律法规行事,以确保用户的个人信息被合法、公正和必要地收集与利用。

#### 5.构建隐私保护责任制度

明确平台运营方、数据处理方等各方在隐私保护方面的责任和义务,并建立一个完善的问责制度。针对违背隐私保护条例的行为,依照法律和相关规定进行严格的处置,以确保隐私保护的责任得到真正落实。

#### 6.强化对用户的教育和指导

增强用户对隐私的认识和保护,通过发布平台公告和用户手册等多种方式,向广大用户普及关于隐私保护的知识,增强用户的隐私保护意识和技能,指导用户更合理地利用服务。鼓励用户在使用平台服务时保持理性,防止个人信息的泄露或参与非法行为。

## 三、完善数据保护相关法规

在湖南省特色学徒制数字化平台建设过程中,强化数据保护相关法规成为确保平台稳定运行和维护用户权益的关键。随着信息科技的迅猛进步,数据已经成为数字经济时代不可或缺的核心资产。数据保护不仅影响到个人的隐私权,还直接关联到国家的安全、社会的稳定以及经济的持续发展。

### (一)构建法律体系

要建立一个多层面的数据保护法律框架,包括国家法律、地方性法规、各部门的规定以及行业的标准规范。法律法规应提供核心的原则和框架性的指引,地方性法规应进行更为详细的描述和补充。具体的操作指导和规范则由部门规章和行业规范确定。

**1.清晰界定数据保护的主体和责任**

为了确保数据在平台内得到保护,需要制定一套详尽的数据保护政策,明确数据处理的基本原则、操作流程以及责任划分。应当清晰地界定数据保护的实施者以及他们的职责。湖南省特色学徒制数字化平台的数据保护主体涵盖多个方面,包括平台运营方、数据处理方、用户以及监管机构等。所有参与方都应明确自己在数据的收集、储存、处理、传递和共享等各个环节上的权益和职责,以确保数据处理的合法性和合规性。

**2.加强对数据的分类和分级保护**

考虑到数据的关键性和敏感性,将数据分为不同的级别,实施对应的保护策略。对于涉及个人隐私或商业机密等敏感信息的数据,应当采取更加严格的保护手段,包括但不限于加密存储、访问权限控制以及审计追踪等。此外,还应建立一个数据泄露的紧急响应机制,以确保在数据泄露事件发生时能够迅速并有效地进行处置。

**3.完善数据的安全管理体系**

为了减少数据泄露和丢失的可能性,需要构建一个完善的数据安全管理体系,其中涵盖数据的分类与分级、访问的监控、数据的加密保存以及定期的数据备份等关键措施。

**4.对跨国数据流动进行监管**

湖南省特色学徒制数字化平台可能出现跨境数据流动,需要明确跨境数据流动的具体条件、操作流程以及监管标准。要确保跨国数据流动遵循我国和国际的相关法律法规,以确保国家的安全和用户的权利不会受到威胁。

#### 5.强化对数据权利的保护

授权用户对自己的个人信息进行管理,包括但不限于知情权、选择权、同意权、查询权、更正权以及删除权。平台的运营者必须尊重用户的数据权利,不能在未获得用户许可的情况下私自收集、利用或泄露用户的数据。此外,还应建立一个数据权益的救济机制,以便为用户提供方便的投诉途径和高效的救济方法。

### (二)加强法律教育

#### 1.强化对法律的教育和培训

对湖南省特色学徒制数字化平台的相关工作人员进行数据保护相关法律法规的教育和培训。组织各种培训课程、学术研讨和在线学习,以增强从业者的专业能力,确保他们严格按照数据保护的法律和规定行事。

#### 2.广泛传播法律知识

采用媒体推广、公益广告和宣传册等多样化的方式,向广泛的用户群体普及数据保护的法律知识,增强用户的数据保护意识和技能,指导他们正确使用数据权益,并鼓励他们积极参与数据保护的监督活动。

#### 3.打造良好的法治环境

在湖南省特色学徒制数字化平台建设过程中,应积极营造一个良好的法治氛围。鼓励企业依法经营,形成尊重和遵守法律的良好社会风气。同时,加强与法律界、学术界等多个社会领域的互动和合作,以共同促进数据保护法律体系的进一步完善。

### (三)强化与外界的协作和监督

#### 1.积极与政府相关部门展开合作

积极地与湖南省政府和相关的监管机构进行沟通和合作,以便及时掌握最新的法律法规和政策动态，确保平台的数据保护措施完全符合监管标准。

#### 2.加强行业的交流和合作

强化与其他数字化平台和行业协会的互动和合作，以共享数据保护的经验和成就，提高整个行业的数据保护质量。

#### 3.加强对用户的教育和指导

加强对用户数据保护的教育和指导，以提升用户在数据保护方面的意识和技能。同时，鼓励用户参与数据保护工作，以确保数据的安全性。

## 四、强化对法律政策的教育培训

在湖南省特色学徒制数字化平台建设过程中，法律政策教育不仅是平台合规运营的坚实基础，也是推动职业教育向数字化转型的关键动力。

### （一）强调法律政策在教育中的核心位置

#### 1.了解法律政策教育在战略层面的重要性

在当前数字化转型快速发展的背景下，法律政策不仅是规范市场行为和保护各方权益的基础，更是推动创新方向和产业升级的关键动力。在湖南省特色学徒制数字化平台建设过程中，强化法律政策教育不仅能够降低法律风险和确保合规运营，更重要的是，能够培养具备法律素养的创新型人才，为平台的持续创新发展提供源源不断的推动力。

#### 2.强化对全体员工的法律政策教育

法律政策教育不应仅仅局限于某一个特定的群体，而应该是平台建设和推广过程中所有参与者的必修内容。不论是平台的运营者、职业教育机构、参与的企业，还是教师、学生和社会各个层面的人，都应该培养法律政策意识，并将法律政策教育整合到日常工作和生活中，营造一个每个人都能学习、遵守和使用法律的积极环境。

## (二)构建健全的法律政策教育内容框架

### 1.法律法规和政策

在制定教育内容时,应考虑国家和湖南省在职业教育、数字经济、数据安全和知识产权保护等领域的相关法律法规和政策文件,确保学生能够熟练掌握法律的基础结构、各项条款以及它们的执行标准,为他们未来的进一步学习和实际应用奠定坚实的基础。

### 2.针对现代学徒制和数字化平台的专门规定

考虑到湖南省特色学徒制数字化平台的独特性,在教育内容上应当特别强调与平台的建设和推广紧密相关的法律和政策。这些法律和政策涉及学徒制的法律定位、权益与义务的关系、数字化平台的管理规定、数据的保护和隐私的保障等多个方面,其主要目的是帮助学生更深入地理解平台运营的法律界限和合规标准。

### 3.经典案例研究与警示教育

分析和讨论国内外相关领域的典型案例,尤其是对涉及职业教育、数字化平台和数据保护等方面的违法违规案例进行深入剖析和讨论。通过对案例进行深入分析,学生可以更好地理解违法或违规行为所带来的后果,提高他们的法律意识和风险预防能力。此外,还可以通过警示教育的方式,帮助学生培养正确的法律观点和价值体系。

## (三)对法律政策的教育方式进行创新

### 1.结合线上与线下的教育方式

充分发挥现代信息技术的优势,实现线上与线下教学的完美融合。通过线上教育,为学生随时随地学习提供便利。通过线下教育,如面对面授课、模拟练习等,提高学习的实效和趣味性。线上和线下相结合的教学策略,有利于实现教育资源的最佳配置和教学效果的最优化。

**2.结合互动和体验的学习方法**

采用互动和体验式的学习策略,能够激发学生的学习热情和参与意愿。学生可以通过小组讨论、角色模拟和案例分析等多种方式,在互动交流的过程中加深对法律政策的理解和应用。此外,可以通过模拟法庭和模拟谈判的实践学习方式,让学员在模拟环境中体验到法律实践的吸引力和所面临的挑战。

**3.个性化与定制化的教育方式**

根据学生不同层次的需求,提供量身定制和个性化的教育服务。经过研究和需求分析,深入了解学生的真实状况和学习要求,并据此制定针对性的教育方案和课程内容。

### (四)在实际操作中加强法律政策教育

**1.在平台的运营和管理中融入法律政策教育**

在平台运营和管理的各个环节中融入法律政策教育。为了确保平台在建设和推广的全过程中始终符合法律法规和政策规定,可以通过编制合规运营手册和建立风险管理机制等多种手段进行全面保障。同时,强化公司内部的培训和评估机制,以提升所有员工在法律法规方面的认识。

**2.推动产、学、研、用深度结合**

强化与高等教育机构、科学研究单位以及行业内的企业之间的合作和交流,以推动产、学、研、用之间的深度整合。通过联合进行课题研究和组织专题研讨会等多种方式,促进法律政策研究成果的实际应用和转化。同时,利用行业内企业的实际操作经验和资源上的优越性,为平台提供更具针对性和实用性的法律和政策指导。

**3.鼓励社会各方参与监督**

构建一个公开透明的监管体系,以鼓励社会各方参与到平台法律政策教育的监督和评价中。建立投诉和举报机制,定期发布关于法律政策的教育报告,接受社会各方面的监管。同时,加强与媒体、大众和行业协会等机构的交流与合作,以共同推进平台法律政策教育的进一步深化。

#### (五)制定法律政策教育成效评价和持续改进的策略

##### 1.打造一个多样化的评价框架

构建一个评估体系,该体系涵盖学员的满意度、学习成果以及实际应用效果等多方面。评估数据和信息的收集是通过问卷调查、考试测试和案例分析报告等多种方式来完成的。此外,定期邀请第三方机构开展独立的评估工作,以确保评估结果具有客观性和公平性。

##### 2.定期对评价结果进行分析

周期性地对评价结果进行深入分析,以识别在法律政策教育过程中出现的各种问题和不足。为了解决存在的问题和不足,制定一系列的改进措施和方案,并实施到未来的教育活动中。评价结果是调整教育方案、完善课程内容以及优化教学手段的关键参考。

##### 3.不断优化和完善法律政策教育

基于评价的结果和学员的意见,持续完善法律政策教育。持续优化教育的内容结构,在教育方式和手段上进行创新,强化教师团队的建设与管理活动,强化与社会各领域的交流和合作,努力促进产、学、研的深度整合等,通过不断优化和改进,确保法律政策教育始终与时代需求和发展方向保持一致,为平台的建设和推广提供坚实的支撑。

## 第五节 政策保障

### 一、内部制度保障

在湖南省特色学徒制数字化平台建设过程中,内部制度保障是确保平台能够高效、有序和合规运行的核心要素。健全的组织内部运作结构和完备的规章制度，不仅为平台的日常操作提供了明确的指导和框架，而且是推动平台持续创新、提升服务质量和增强竞争力的关键支柱。

### （一）内部组织结构

湖南省特色学徒制数字化平台内部组织结构应当是明确和合适的，以保证平台能够高效且稳定地运作。

管理团队主导平台的全面规划、决策过程以及资源的分配。为了确保平台的发展方向与湖南省特色学徒制的目标保持一致，管理团队应由具备丰富管理经验和战略视野的领导人员组成。技术部主要承担平台的技术开发、系统的日常维护以及网络的安全保障等职责。技术部应当具备一支专业的技术团队，以确保平台能够稳定运行并保障数据安全。教学部主要承担平台教学内容的规划、教师资源的管理以及为学员提供的服务。教学部应当与企业保持紧密的联系，设计与市场需求相匹配的教学资源。市场部主要承担平台的品牌宣传、市场发展以及合作洽谈等相关任务。市场部应当努力加强与各企业和学校的合作，以增强平台的知名度和社会影响力。法务部主要负责处理平台的法律相关事宜以及进行合规性的审查。法务部有责任密切关注相关的法律法规和政策趋势，以便为平台提供必要的法律援助和保护。

此外，为了更好地支持平台的日常运作和持续发展，还可以根据实际需求，设立财务部、人力资源部等其他辅助部门。

### （二）规章制度

为了确保湖南省特色学徒制数字化平台能够规范运行并持续发展，应当建立一套全面的制度框架，明确管理准则、操作流程以及各参与方的职责。

需要明确平台的管理架构、组织方式和决策流程，以确保平台的管理团队能够以高效和科学的方法进行决策。对平台的日常运作流程进行规范，涵盖学员的注册、课程的学习、考试认证以及教师的管理等关键环节，以确保整个平台的运作既流畅又有序。为了确保平台所提供的教学服务能够满足企业和学校的真实需求，要构建一个教学质量保障体系，明确教学质量标准、评估手段以及改进策略。为了确保数据的安全性和隐私权，要制定明确的数据收集、使用、储存和传输的安全标准，以维护学员和企业的隐私权利。为了确保平台的所有运营活动都遵循相关的法律法规和政策，要建立一个合规审查机制，对平台的所有运营活动进行合规性审查。要建立明确的争议解决流程，为平台的所有参与者提供一个高效的争议解决路径。

通过构建完善的内部组织架构和规章制度，能够确保平台运行的高效性、规范性和稳定性，从而为湖南省特色学徒制的进一步推广和发展提供强有力的支撑。

## 二、外部政策支持

在湖南省特色学徒制数字化平台建设过程中，外部政策的支持和保障发挥了不可或缺的作用。政策支持不仅为平台指明了前进的方向，同时营造了一个有利的外部环境，有利于推动资源的最优配置和高效使用。

### （一）政府的政策保护

#### 1.高层次的设计和规划

湖南省政府积极响应国家关于深化产教融合、校企合作的政策导向，采取了一系列措施推进技能人才的培养。例如，《湖南省教育厅2024年推进教育数字化工作要点》中，明确指出教育数字化转型的重要性，并强调提高教育教学、教育管理和教育公共服务的数字化程度，这为湖南省特色学徒制数字化平台的建设提供了设计和规划依据。

#### 2.财政补助和资金援助

湖南省政府采用财政补助和资金援助的策略，以激励各企业实施新型的学徒制培训。依据《湖南省人力资源和社会保障厅湖南省财政厅关于全面推行企业新型学徒制的实施意见》，人力资源和社会保障部门将与财政部门合作，为企业提供新型学徒培养的补贴，而这些补贴资金将从当地的就业补助资金中拨付。这一财政措施有助于缓解企业的经济压力,推动湖南省特色学徒制数字化平台得到更广泛的推广和应用。

#### 3.政策的导向和监督

湖南省政府通过出台一系列相关的政策文件,明确在新型学徒制下,企业、培训机构以及学徒各自的权利、责任和利益,并鼓励各方积极参与。同时,政府加大了对培训流程的监督力度,以确保培训的质量和效果。政策导向和监督为湖南省特色学徒制数字化平台的建设和发展提供了有力的支持。

### (二)行业的政策保护

#### 1.行业标准的制定和普及

在湖南省特色学徒制数字化平台构建过程中,行业协会起到了不可或缺的作用。行业协会能够主导行业内学徒制的培训标准、评价机制和操作流程的制定,从而为数字化平台的建设提供必要的技术援助和规范性指导。制定和推广行业标准可以增强学徒制数字化平台的专业性和权威性。

#### 2.资源共享和平台建设

行业协会可以组织其会员企业共享各种培训资源,在行业内设立学徒培训的实践基地。通过资源共享和平台建设,能够减少企业的运营成本,提升培训的效率,促进学徒制数字化平台在更广泛的领域内得到应用。

#### 3.政策的推广和阐释

行业协会可以组织多种形式的活动,为企业提供政策推广、政策解读以及业务指导等多种支持服务。这将有助于企业更深入地理解和掌握政策的核心精神,并积极地参与到学徒制数字化平台的建设和实施中。

# 第六章 湖南省特色学徒制数字化平台创新

## 第一节 湖南省特色学徒制数字化联盟建设

随着职业教育改革逐渐深化，湖南省在学徒制领域展开了一系列积极的尝试和实践。目前，湖南省已有一批学校开展了相关工作，并取得了一定成效。为了更好地推动湖南省特色学徒制数字化平台建设，深化各方的合作与沟通，建立湖南省特色学徒制数字化联盟尤其关键。

### 一、湖南省特色学徒制数字化联盟建设的背景及意义

#### （一）湖南省特色学徒制数字化联盟建设的背景

湖南省作为中国中部的关键省份，拥有丰富的职业教育资源，并有多家高质量的职业学院和技术学校。为培养高素质技能型人才，促进湖南省经济快速发展，近年来，许多高职院校开展了以“工学结合”模式为主的学徒制人才培养改革试点工作。由于学校和培训中心资源分散、信息孤立，使得它们难以联合起来。湖南省高职教育起步较晚，专业设置不科学、课程结构不合理，导致人才培养质量不高。为了突破当前的限制，湖南省可以建设学徒制数字化联盟，以整合各方资源、深化交流与合作，共同促进湖南省特色学徒制数字化转型发展。

#### （二）湖南省特色学徒制数字化联盟建设的意义

湖南省特色学徒制数字化联盟的建立将对多个领域产生深远的影响，不仅能够为行业、企业和职业院校搭建交流的平台，也有利于提升校企双方

在人才培养方面的水平与能力。首先,通过联盟,可以突破信息孤立的状态,达到资源的共享,并提高资源的使用效率。其次,通过联盟,各方能够加强交流和合作,共同探讨和解决湖南省特色学徒制在发展过程中所遇到的各种问题,推动湖南省特色学徒制走向更高质量的发展道路。再次,通过联盟,能够提升教师的教学水平,改善师资队伍结构,优化教师培训模式。最后,联盟还能为政府的决策提供科学的依据,并为职业教育的改革提供强有力的支持。

## 二、湖南省特色学徒制数字化联盟建设的现状及启示

### (一)湖南省特色学徒制数字化联盟建设的现状

现阶段,湖南省特色学徒制数字化联盟建设已经取得了显著的进步。湖南省教育厅及其他相关政府部门正在积极推进学徒制的进一步发展,推出了一系列的政策和措施,为联盟的建设提供了强有力的支持。同时,湖南职业教育集团积极参与人才培养模式改革。此外,众多的职业学院和培训中心积极参与,共同努力推进湖南省特色学徒制的发展。

### (二)湖南省特色学徒制数字化联盟建设的特点

湖南省特色学徒制数字化联盟建设呈现出几个显著特征:第一,政府主导。湖南省人民政府高度重视学徒制的发展与实施,出台了一系列支持政策。湖南省教育厅和其他相关政府部门在联盟的构建过程中起到了关键的领导作用,主要负责政策的制定、组织的协调以及监督和检查等任务。同时,各省级相关部门对全省的校企合作进行指导、协调和督促,形成合力,推动湖南高职教育的发展。第二,多方面参与。联盟是以“校企合作”为基础,以学校为主阵地,行业企业共同组建的一种新型办学模式。成员涵盖职业学院、技术学校、企业和行业协会等多个领域,覆盖了职业教育的各个层面。各利益相关方共同参与,有利于促进校企合作的深入发展。第三,资源共享。各利益相关方可以根据自身的需求选择不同的方式进行资源获取和整

合，通过构建信息共享平台，促进各参与方之间的资源共享，提升资源的使用效率。同时还可以借助互联网技术和大数据技术，促进校企间的人才对接与人才培养模式创新。第四，合作双赢。在人才培养过程中，校企双方应建立紧密的联系和长期稳定的合作伙伴关系，使学校教育、企业培训以及行业服务有机结合起来。联盟的成员通过多样化的合作，共同探讨和解决学徒制发展过程中出现的各种问题，以实现双方的合作和共赢。

### （三）湖南省特色学徒制数字化联盟建设的经验启示

#### 1.长株潭智能制造人才培育的经验启示

长株潭各单位对智能制造人才培育采取了一定的举措，其存在的问题也需引起重视。

第一，人才培养目标不明确。通过走访调研长株潭相关单位，发现目前高职院校及技工院校培养的专业人才与制造业人才对接不够紧密。企业当前所需要的智能制造人才，既要有扎实的理论知识，又要有较强的专业实践操作能力，同时要有分析问题、解决问题的能力。虽然目前很多高职院校及技工院校对部分专业课采取了理实一体化的教学模式，但在实际应用过程中，高职院校人才培养仍以学习理论知识为主，学生的实践操作能力比较薄弱，技工院校的学生虽然实践操作能力尚可，但理论知识有所欠缺。因此，理论知识与实践操作兼备的复合型人才较为稀缺。

第二，智能制造教师资源匮乏。长株潭一体化产业转型升级需要高端技能人才，教师是培养技能人才的基础保障。绝大多数智能制造教师是从传统机械制造类教师转型而来，没有将大数据、人工智能等最前沿的知识融入相应的教学内容中。特别是在实践操作方面，现阶段高职院校智能制造教师自身经验不足，也影响了智能制造的发展。

第三，校企合作深度和广度不足。主要表现在：一是由于校企合作方式仍以学校主导，企业整体参与度和关注度不够；二是校企合作模式较为单一，评价体系不够完善，学生主动参与的积极性不高；三是校企合作大多数是以“订单班”的模式为企业输送人才,“订单班”培养出来的学生是否符合企业的实际需要未能及时反馈给学校,学校未能适时调整后续“订单班”学生的授课课程;四是校企合作资源共享平台尚未建成,在教师科技创新、企业人才需求和供给上,均未能进行充分共享。

第四,本科院校与高职院校交流甚少。虽然本科院校与高职院校人才培养目标有所差异,但二者同属高等教育,理应加强合作与交流。目前,本科院校与高职院校智能制造人才培育基本上采取各自为营、自行发展的思路,合作与交流甚少,未能实现本科院校的领军作用,亦未发挥高职院校技能教育的优势。

第五,图书馆教育职能尚未得到充分发挥。对图书馆的建设不够重视,图书馆大都在思想政治、阅读引领、人文素养方向进行了一定的教育探索,通过邀请专家讲座及举办各种教育活动,发挥了一定的教育职能。然而,图书馆的培育方向存在局限性,对各行各业的专业培育尚未涉及,或涉及较浅。以智能制造人才培育为例,通过发挥图书馆的优势,结合实际,为智能制造业作出一定贡献,也是当前图书馆事业发展的新的突破口。

**2.天津市高端装备和智能制造人才创新创业联盟的经验启示**

天津市高端装备和智能制造人才创新创业联盟成立于2020年12月,由天津市人才办统筹指导,由高校,研究所、京津冀领军企业共同组建联盟。目前,该联盟在天津智能制造行业的资源共享、人才培育等方面都起到了积极的推动作用。

天津市高端装备和智能制造人才创新创业联盟能够成功运营,并具有一定的影响力,主要是联盟解决了以下问题:

第一,政府统筹指导方面的问题。天津市高端装备和智能制造人才创新创业联盟由天津市人才办指导,汇聚了天津市人才工作领导小组29个成员单位的政策、平台、项目和服务资源。政府在联盟建设的政策、资金和行动上给予了有效指导,使得联盟的建设方案、经费管理、奖罚制度和技术实施方案等得到充分保障,有利于联盟的长效发展。

第二,组织结构方面的问题。天津市高端装备和智能制造人才创新创业联盟的组织结构较为科学。联盟成员数量多、实力雄厚、类型多元化，联盟成员由1个区域、2所高校、研究所和领军企业等160余家单位构成，有利于联盟的整体发展。

第三，资金支持保障问题。联盟建设的长效开展需要有持续稳定的资金保障。天津市高端装备和智能制造人才创新创业联盟得到政府的经费支持，尤其是北辰区政府为联盟提供了一定的经费保障。同时，积极拓展资金来源渠道，主动与欧美同学基金会、国研智库达成了成立人才创新创业基金的合作意向，在奖励、培养、引进人才，扶植壮大产业集群方面展开合作。积极进行招商，使资金来源多元化，有利于联盟的运作和维护。

第四，管理运行机制问题。天津市高端装备和智能制造人才创新创业联盟构建了良好的管理运行机制与合作模式。天津市人才办是一个政府实体部门，主要对联盟进行业务指导和协调关系，并且能行使直接的行政指挥权。由天津市人才办领导统筹、京津冀三地组织部门通力合作，设立专门的人才领导小组，充分发挥人才领导小组成员单位的积极性，推进联盟任务落实落地，有效保障了联盟建设效果。

第五，资源共建共享方面的问题。天津市高端装备和智能制造人才创新创业联盟全面促进人才链、产业链、项目链、技术链、资本链“五链”深度融合，在推动成员之间资源共建共享的过程中，推进联盟各项工作落实落地落到位，有效提升联盟的合力。

第六，组织人才方面的问题。天津市高端装备和智能制造人才创新创业联盟具备较强的人才队伍，为联盟工作的开展奠定了人才基础。联盟成员具备各自的优质人才，此外，联盟还邀请了3位院士作为联盟特聘专家，邀请清华大学、北京大学等14所高校校友会相关负责人成为联盟引才专员，设立专门的人才领导小组，充分发挥人才领导小组成员单位的积极性，为联盟育才、引才、留才、用才。

**3.长株潭智能制造人才培育创新创业联盟建设经验启示**

基于长株潭智能制造人才培育现状，参考天津市高端装备和智能制造人才创新创业联盟的经验，结合目前智能制造相关单位各自的优势，建设长株潭智能制造人才培育创新创业联盟，有助于提高发展的可持续性。

第一，组织管理模式。为了避免联盟成员发展不平衡和组织松散，良好的领导管理结构尤为重要。联盟要争取政府部门或相关机构来牵头，并选择一个有较强综合实力的高校作为联盟中心单位，在其内部设立协调管理中心。中心单位就是联盟主席成员单位，负责统筹全局和对各成员进行合理分工。联盟主席成员包括秘书组成员、执行秘书成员、分市秘书成员等，这样有利于层层落实责任，提高联盟共建共享协同育人的工作效率。

第二，资金筹集模式。联盟要长效稳定发展，首先要解决联盟建设和运作所需要的经费问题。天津市高端装备和智能制造人才创新创业联盟以联盟整体力量，多渠道、多方式筹集资金，可参考的做法包括：一是争取政府的资金支持，每年按时上交联盟工作绩效评估报告，以联盟工作产生的实际收益或社会效益来争取更长期稳定的政府拨款和适当的增资。二是理清联盟建设的工作分类，主体工作如智能制造技术研发、智能制造人才培育、智能制造人才创新创业，以科研立项的方式向相关管理机构申请专项资金，或选择有实力的成员单位承接。三是借助市场力量，拓宽资金来源渠道。例如，可争取具有良好合作关系的资源和系统服务提供商投入资金，以实现互惠互利。四是在联盟步入稳定期后适当收取一定的成员会费，根据成员发展的水平及获得服务的差异实行差别收费。五是整合行业资源，通过为行业协会、企业和科研单位等提供信息资源或对外服务获取一定的经济收入。

第三，人力资源模式。多元化组织之间的合作需要综合素质高的专业人才队伍，联盟需要构建良好的人才培养模式：设立专门的人才领导小组；完善人才管理制度，落实引才、留才、用才；定期联合开展专题讨论、学术讲座、联合咨询、专业技术培训；采取成员互派等措施以加强联盟成员之间的业务学习与交流；对发展较落后的成员单位进行点对点的帮扶，定期邀请特约专家顾问，适时优化人才队伍结构。

第四，协同共享模式。长株潭智能制造人才培育创新创业联盟属于一个地域性的协同人才培育联盟，各单位具有各自的优劣势，应协同共享：引导成员突破体制限制，防止出现各自为阵和成效低下的尴尬局面；在联盟领导机构的协调下，以联合共建为工作导向；确立创新开放的共享模式，加强成员之间的资源共享，实现全成员、全过程、全面推进人才协同培育的目标。

第五，人才培育模式。实现人才培育目标，确立多主体联合育人新模式是关键。学校作为人才培育的主要阵地，要发挥智力锦囊的作用，优化教学策略，利用信息化平台和互联网技术，提升学生的学习效果；企业应从源头开始，全过程参与到人才培育的工作中；联盟应拓展校企合作，联合制定人才培育方案，对接智能制造产业的最新职业标准、行业标准和岗位规范；联盟可以共建实训基地，全面推进产教融合，构建良好的人才培育生态体系。

第六，人才评价模式。联盟的根本目标是提升智能制造人才培育质量，构建良好的人才评价模式意义重大。建议如下：建立多维度、全方位的评价体系，具体评价指标包括专业知识、业务技能、职业素养、综合素养等；阶段性考察与总结性考核相结合，定期进行阶段性考察以及时跟踪及反馈人才培育状况，总结性考核确定培育质量；评价的主体要多元化，不能局限于联盟内部，可邀请外部专家对联盟的联合育人质量进行评价；形成的报告及数据要及时归档，以为改进育人工作提供参考。

第七，图书馆融入模式。图书馆作为文化信息机构，亦能对联盟工作的开展起推动作用。具体建议包括：参与校企合作，共建企业图书室，为企业人员提供专业书籍及业务交流场所；发挥资源与技术优势，保障资源及时更新，创建智能制造行业特色资源库及网络信息服务平台，为联盟共建共享资源提供交流平台；进行智能制造教育探索，邀请专家、教师举办行业培训讲座、创新创业咨询会、职业素养培育等教育活动。通过发挥图书馆的优势，助力智能制造人才培育。

### 三、湖南省特色学徒制数字化联盟的定位和建设方向

在湖南省特色学徒制数字化平台建设过程中，建立联盟起到了不可或

缺的作用。联盟不仅是推广平台的关键力量,更是促进职业教育现代化和深化产教融合发展的重要手段。

### (一)湖南省特色学徒制数字化联盟的定位

首先,实现产教融合与校企合作。联盟建设的目的在于形成“政府引导、行业指导、院校参与”三位一体的新型职业教育模式和运行机制。联盟是一个汇集学校、企业、行业协会等多方面力量的平台,致力于推进产教融合和校企合作的深度发展。通过建立联盟,各方有机会共同拟定人才培养计划、进行课程和教学方法的改革、建设实训基地等,从而实现教育、人才和创新三个链条的高效连接。

其次,实现资源共享和优势互补。学校在人才培养方面有自身的优势,而企业在生产经营中又需要相关知识和经验的积累,两者结合起来形成了产学研一体化办学模式,有利于培养高素质创新型应用型专门人才。通过资源共享和优势互补,联盟的成员能够更高效地利用资源。同时,企业和学校在产学研合作中能够实现共赢。学校可以利用企业的行业资源和实践经验,提高学生的实践能力;企业可以利用学校在科研和人才方面的优势,促进技术创新和产业升级。

再次,负责标准制定与推广。在当前我国经济社会转型升级的背景下,企业对高素质技术技能人才的需求量日益增加。联盟有能力肩负起制定和推广行业标准的职责,通过对行业发展方向和市场需求的深入探究,制定与现实相符的人才培养准则和评估机制,从而为学徒制的标准化进程提供强有力的支撑。

最后,加强国际交流与合作。在全球化的背景下,联盟有机会与国际职业教育机构深化交流和合作,借鉴国外先进的学徒制教育方法和管理经验,推动学徒制向国际化方向发展。

### (二)湖南省特色学徒制数字化联盟建设策略

在湖南省特色学徒制数字化平台的推广阶段,建立联盟是极为关键的步骤。联盟不仅能助力整合各种资源,促进产教融合,还能促进学徒制模式的创新改革。

### 1.明确联盟的建设目标与定位

湖南省特色学徒制数字化联盟的建设目标应该是明确和具体的,即通过建立政府、学校、企业等多方参与的协作平台,推动学徒制的标准化、规模化、品牌化发展。第一,进行资源的整合,将政府、学校、企业、行业协会等多个方面的资源融合在一起,以形成一个优势互补、共同受益的合作模式。第二,制定标准,联合确定学徒制的培养准则、评估标准和考核机制,以确保学徒的培训质量。第三,创建一个数字化、智能化和网络化的学徒制服务平台,以实现资源的共享和信息的互通。第四,进行市场推广,加大宣传和推广力度,以提升湖南省特色学徒制的知名度和影响力,吸引更多的企业和学生参与其中。

湖南省特色学徒制数字化联盟应当是一个具有引领性、示范性和创新性的职业教育联盟。通过校企共建专业群、构建校企合作机制等方式开展实践探索。在国家和地方的政策导向下,联盟致力于成为推进职业教育与产业深度整合的先锋,为地区经济和社会进步提供坚实的人才和智力后盾。

### 2.构建多元主体参与的联盟架构

在联盟的建设过程中,政府应当扮演关键的领导角色,通过制定政策、提供资金支持和进行有效的调度,确保联盟的稳定运作。首先,应加强对联盟发展规划、组织机构设置、管理制度规范等方面的指导,建立以市场为主的利益分配机制。同时,为联盟提供政策援助,发布相关的政策,明确联盟的法定地位、职责边界以及运作方式。其次,加强组织机构建设,完善联盟管理机构设置,并成立专门的工作班子负责各项事宜。同时,为支持联盟的重点项目、示范项目和创新项目,提供资金援助并建立专门的基金。再次,加强对联盟组织机构设置和人员组成的管理。此外,政府在协调和调度方面发挥着关键作用,可以主导建立联席会议机制,并定期组织会议,以协调和解决联盟在运营过程中可能遇到的各种问题。

学校作为联盟的关键组成部分,承担着人才培养计划的规划和执行任务。为了确保学徒的培训质量,学校应当深化与企业之间的交流和合作,协同开发课程资源、建立实训基地以及制定评估准则。校企联合培养人才,既有利于促进职业教育教学改革,也符合我国产业结构调整对人才需求变化的要求。此外,学校应当参与到联盟的各种活动中,充分利用其独特的优势,为联盟的进一步发展作出贡献。

企业在联盟中扮演关键角色,通过提供工作机会、提供培训设备和进行技术指导等,与学校携手培育高技能的专业人才。学徒制是校企合作人才培养模式中一种新型的学习机制和教育方法,在高职院校推行具有一定可行性。企业应当最大限度地发挥其资源优势,积极地参与到学徒制课程设计和教学评估等各个环节中,以确保培养的学徒能够满足市场和企业的实际需求。

行业协会扮演桥梁和纽带的角色,强化行业内部的交流和协作,促进行业标准的建立和执行。行业协会可以组织行业内的技术交流和技能培训活动,为学徒提供更多的学习机会和实践平台。

**3.加强联盟的内部管理制度建设**

联盟应当构建一个完善的组织结构,包括但不限于理事会、秘书处以及各种专业委员会。各成员单位之间通过相互协商制定联盟章程及相关制度。作为决策的机构,理事会负责对联盟的关键议题进行决策。秘书处是执行董事会决议的执行机构,负责处理好与各成员单位及有关方面的关系。秘书处主管联盟的常规管理与协同任务。专业委员会是联盟开展活动的重要部门,在联盟发展中起着非常关键的作用。专业委员会按照各自的专业领域进行分类,负责提供具体的技术指导。

联盟应当构建一个全面的管理体制,包括但不限于会议组织、决策流程、绩效考核以及财务管理等多个方面。在此基础上,要进一步健全组织机构,明确职责分工,并制定相关规章制度。通过建立合适的制度框架,对联盟的运营和管理进行规范,以确保所有工作能够有序地进行。此外,还要制定合理可行的激励机制和约束机制，为成员提供公平公正的竞争环境，促进成员之间形成良性合作关系，从而保证联盟目标的实现。此外，还要加大制度的宣传和培训力度，以提升成员单位的制度意识和执行能力。

联盟应当最大限度地运用现代信息技术工具，强化信息化基础设施。以电子商务网站、企业门户网站以及其他相关网络平台为基础，搭建一个基于网络环境的数字系统，使其成为集文献传递与资源共享于一体的综合性服务体系。通过构建数字服务平台和信息共享平台等，达到资源共享和信息交流的目的。在此基础上，可构建以企业为主、政府为辅的多层次合作关系网络。此外，联盟还要进一步强化数据分析和深度挖掘，以便为决策提供更为科学的依据和参照。

**4.实施多元化的联盟推广策略**

联盟应当重视品牌的推广和宣传，利用各种途径和策略来宣扬湖南省特色学徒制的优点和特色。要加大政策支持力度，制定出台相关法规制度，保障推广宣传的顺利实施。可以通过组织各种活动进行品牌的推广和宣传，如宣传周、展示会等。此外，要加强与媒体的交流与协作，借助新媒体平台进行广泛的宣传和推广活动。

联盟应当持续扩大合作的领域和广度，积极探索与国内外著名大学、研究机构和行业协会等合作的可能性。同时，要在人才培养模式方面进行改革创新，构建“双主体”育人机制，完善校企协同育人体系。为了提高湖南省特色学徒制在国际上的影响力和竞争力，需要加强与国际的对接、交流和合作，并引进前沿的教育观念和技术方法。

联盟应当持续革新其服务方式和模式，提供更具灵活性、多样性和个性化的服务解决方案。例如，建设“互联网+”专业群与课程体系，开发在线学习平台和虚拟仿真实训系统，为客户提供量身定制的培训方案，构建一个多样化的评估机制。

**5.强化人才培养与质量保障**

联盟应当与企业和学校合作，共同制定人才培养计划，以确保培养的学徒能够满足市场和企业的需求。在制定教学计划时，必须考虑到工学结合、校企合作以及双师型师资队伍建设等问题。在制定人才培养计划时，应该明确培养目标、课程设计和实践教学的具体标准，着重提高学生的全面素质和创新思维。

联盟应当高度重视教师队伍的建设，通过吸引优秀人才和加强教师培训等多种手段，以提高教师队伍的整体素质。在此基础上，联盟可制定相关政策，保障联盟内高校间开展有效合作。此外，联盟还应积极推动教师参与到企业的实际操作和技术研究中，以增强教师的实践技能和创新思维。

联盟应当构建一个全面的质量保证机制，以确保学徒教育的质量。要建立一个周期性的评估与反馈体系，建立学徒培训的质量准则和评估机制，加大对学生学习进程的监控和管理，以保障湖南省特色学徒制的教育质量和成效得到持续提升。

## 第二节 图书馆的融入

### 一、图书馆参与学徒制数字化建设的可行性分析

在数字化背景下，图书馆作为知识和信息的主要集散地，其作用已经远远超越了传统的书籍收藏和借阅。随着科技的持续发展，图书馆正在努力探索与各种教育和培训项目的深度融合，以便提供更为高效和全方位的信息服务。在湖南省特色学徒制数字化平台建设过程中，图书馆的参与具有极高的可行性。

#### (一)在技术和资源上的优越性

#### 1.强大的信息技术支撑

随着信息科技的快速进步，图书馆在数字化方面已经取得了令人瞩目的成就。图书馆作为信息服务机构和文化传播载体，如何借助新技术提升自身信息化水平成为其面临的重要课题之一。湖南省许多大学图书馆和公

共图书馆已经构建了一套完整的数字化系统，包括电子资源管理系统、数字图书馆平台和智能检索系统等，可为学徒制数字化平台的建设提供坚实的技术支持。

**2.丰富的数字资源积累**

图书馆藏有大量的数字化资料，如电子书籍、学术期刊、数据库和多媒体工具等，这些都是学徒制数字化平台的关键组成部分。图书馆集结了众多的国家级和省级教学资源库，以及大量的在线优质课程和虚拟仿真实训资源，能够为学徒制的教学和实践提供服务。

### （二）扩展服务的模式和功能

**1.提供个性化的学习辅助**

图书馆能够通过智能化的方式收集和分析学生的学习资料，从而为学生提供定制化的学习辅助。近年来，随着大数据技术在教育领域的应用不断深化，图书馆开始尝试利用各种手段收集并处理海量学生学习信息。例如，通过使用“人人通空间”这样的平台，图书馆能够整合学生学业、参与各种活动和社会实践等多个方面的数据，从而为学生提供个性化的成长记录。同时，在教学过程中，教师也可借助“人人通空间+云计算”技术对不同学科或知识点进行分类统计和展示。这些数据不仅能帮助教师更精确地了解学生的学习进展，还能为学生提供量身定制的学习建议和资源建议，进而提高学习效率。

**2.提供多种形式的信息服务**

图书馆在提供信息服务方面拥有无可比拟的优越性，除了提供传统的图书借阅服务外，图书馆还在不断地拓宽其服务范围，包括但不限于信息咨询、学术研究以及技能培训等。同时，图书馆也是职业教育和职业培训机构的重要资源之一。在推动学徒制数字化平台建设过程中，图书馆能够最大限度地利用其优点，为学徒提供全面的信息支援。图书馆可以通过开展各种形式的宣传和教育，让学徒了解到更多相关知识。例如，图书馆可以组织专家讲座、研讨会等多种形式的活动，以协助学徒拓宽知识视野和提高自身能力。

## （三）实际案例经验

### 1.湖南师范大学全息教室项目

湖南师范大学在智能教室的建设上取得了很大的进展，其全息教室项目提供了宝贵的实践经验。学校结合自身优势，提出基于云视图的智慧课堂教学模式，即借助大数据进行课程资源开发、构建虚拟场景与现实环境相结合的教学模式，以满足学生个性化需求。学校成功地引入了云视图研技术（深圳）有限公司提供的全息互动教学平台，对学生进行全方位个性化智能指导与管理，并与学生开展深度交互活动。全息教室凭借其高度逼真的裸眼立体展示效果和全息虚实相结合的沉浸感，为学生提供了一种全新的学习体验。这种教学模式突破了传统教学中师生分离、时空隔离的限制，具有良好的应用前景。图书馆可以参考这种模式，将全息教室等先进的教学技术融入学徒制数字化平台中，为学徒提供更为生动和直观的学习资源。

### 2.湖南汽车工程职业大学的智慧教育平台

湖南汽车工程职业大学在智慧教育平台的建设上取得了令人瞩目的成果，其建设经验具有深远的参考价值。湖南汽车工程职业大学通过创建校级平台，成功地实现了信息孤岛的连接和高质量资源的集结。同时，该平台也存在一些问题，如学生借阅率低、课程安排不合理等。图书馆可以参考这种模式，协助建立学徒制数字化平台的信息管理系统，以实现资源的统一管理和高效利用。

目前，图书馆已建立了基于云计算、大数据技术的数字资源库，并形成了较为稳定的资源建设体系，为开展个性化学习创造了有利的资源条件。图书馆有责任且有能力为学徒制数字化建设提供支持。

## 二、图书馆拓展服务与创新平台研究借鉴

### (一)高职院校图书馆读者服务的拓展与创新

#### 1.高职院校图书馆读者服务存在的问题

经过调查分析,高职院校图书馆读者服务主要存在三个方面的问题:

首先,深化读者服务进展缓慢。高职院校图书馆的读者服务工作已取得一定突破,除了提供阅览、借阅、检索和复印等传统读者服务,还拓展了参考咨询、文献传递和馆际互借等新服务,但大部分高职院校图书馆开展参考咨询、文献传递和馆际互借等新服务时,仅仅停留于单一的模式和表面形式,未能发挥出服务的最大效能。

其次,服务观念落后。服务观念落后是目前大多数高职院校图书馆读者服务的突出问题。主要表现在以下方面:第一,缺乏主动服务意识。大部分高职院校图书馆重视图书借阅服务,但对师生的知识索取服务缺乏主动引导。第二,重收藏过于重实效。有些高职院校图书馆重视图书收藏,但馆内图书陈列不够精准,甚至有严重的乱架现象,制约了高职院校学生对知识的获取效率。第三,图书馆管理缺乏前瞻性。有些高职院校对图书馆的发展没有长远计划,对创新服务理念和建立激励机制重视不够,阻碍了高职院校图书馆读者服务工作的深入开展。

最后,个性化服务缺失。随着信息技术高速发展,高职院校学生对信息资源的要求越来越高,对图书馆的读者服务要求也愈来愈高。然而,大部分高职院校图书馆把主要力量集中于借书与还书,未能针对高职院校学生的特点和行业的需求等开发个性化的服务。图书馆缺乏个性化服务,不利于激发高职院校学生的学习兴趣,无法满足不同水平的学生的学习需要,造成资源的浪费。

#### 2.高职院校图书馆读者服务应具备的特点

首先,有高素质的读者服务人员。高职院校图书馆读者服务人员应具

备现代信息技术，能积极配合完成图书馆文献资源的开发、运用和传播，从而最大限度地实现资源共享。

其次，以实践为基础开展读者服务。高职院校的目标是培养职业人才，重点是培养学生的实践能力，促进学生的就业。高职院校图书馆是高职学生自主学习、获取知识的主要途径，应以实践为基础，发挥图书馆的教育功能，帮助学生提高实践能力。

最后，读者服务的内容多元化。提高学生的职业技能和综合素质是高职院校的办学宗旨。不断加强高职院校学生的社会实践能力是图书馆读者服务工作大力改进的突破口。丰富图书馆读者服务的内容和形式，提高图书馆读者服务质量，已成为高职院校图书馆可持续发展的根本出发点和立足点。

**3.高职院校图书馆读者服务的拓展与创新**

首先，开展特色读者服务。高职院校图书馆应围绕高职院校办学特色，结合行业要求与高职学生的特点，定期举办各种读者活动，着重加强特色文献资源的导读工作。以湖南城建职业技术学院为例，图书馆可策划一个关于湘潭城市建设的专题图书展。一方面，让学生更深入地了解湘潭的城市建设发展史；另一方面，使广大师生对学院“立足湖南，培养城建职业技术人才”的办学特色有更科学的认识。图书馆还可举行建筑文化知识比赛，帮助学生增长行业知识，领略世界各国不同的建筑文化。通过举办形式多样、学生喜欢的专业活动，进一步增强图书馆的吸引力，充分发挥图书馆的特色专业服务职能。

其次，开展个性化信息服务。高职院校图书馆开展个性化信息服务的思路如下：第一，加大力度宣传图书馆的个性化信息服务。图书馆可建立读者交流平台，在图书馆主页建立论坛，使学生通过平台可随时随地在线咨询图书馆员。第二，正确引导学生使用个性化信息服务系统，对学生开展信息知识教育。第三，提供多样化的交流方式。图书馆可利用电子邮件、QQ论坛等通信软件，向学生提供多样化的交流方式，为学生获取所需信息提供最大的便利。第四,建立读者联络员制度,适时咨询读者的需求,提高读者服务的针对性。第五,提供个性化个人馆藏服务。图书馆可为学生管理个人信息,让读者拥有个性化的私人信息空间。第六,提供信息推送服务。信息推送服务是按照读者指定的时间和选定的主题,定期将图书馆文献资料库中的最新信息发送至读者,提高读者获取信息的便利性和完整性。总之,图书馆应开发适合本院校的个性化信息服务系统,为学生提供最优质的信息服务。

最后,加强校企合作。高职院校可打破图书馆只为本校师生服务的传统观念,尝试与相关企业合作。一方面,图书馆可通过企业获得行业发展最新信息,从而优化信息资源配置,使图书馆的服务更贴近行业需求。另一方面,企业相关人员实践经验丰富,图书馆可与企业相关人员合作,搜集相关政策、法规和科技信息,适时更新信息技术,形成相对稳定的信息开发网。高职院校图书馆与企业合作,有利于提高图书馆的信息咨询服务能力。

### (二)基于移动阅读的高职院校图书馆读者服务平台的构建

#### 1.构建基于移动阅读的高职院校图书馆读者服务平台的意义

移动阅读已成为大学生阅读的主流方向,探索基于移动阅读的高职院校图书馆读者服务平台模式,具有非常重要的意义。

第一,大力推进图书馆个性化服务。高职院校图书馆通过积极探索,构建一套适合自身特点的基于移动阅读的读者服务平台,有助于满足学生的个性化阅读需求。基于移动阅读的高职院校图书馆读者服务平台应能及时反馈读者的移动阅读需求,并根据读者习惯提供多样化、个性化的移动阅读服务。

第二,有效促进阅读行为。全民阅读时代,推广阅读已成为高职院校图书馆不可推卸的责任。高职院校图书馆通过构建基于移动阅读的读者服务平台,可以调动读者的阅读兴趣,最终促进阅读行为。高职院校图书馆通过读者服务平台,可使用户在移动环境下接收信息,并对用户的零散时间进行整合,进而促进阅读行为,培养阅读习惯。

第三,全面实现信息资源共享。基于移动阅读的高职院校图书馆读者服务平台有助于数字信息资源的整合,使用户不被时间与空间所局限,随时随地接收并阅读音频、视频、图片、文献等信息内容。高职院校图书馆不仅是移动服务的主体,还能整合、发布、分享信息资源,实现信息资源共享。

**2.基于移动阅读的高职院校图书馆读者服务平台的构建原则**

基于移动阅读的高职院校图书馆读者服务平台的构建,旨在使图书馆服务无处不在、无时不在。基于移动阅读的高职院校图书馆读者服务平台的构建应遵循以下几个原则:

第一,公共性。基于移动阅读的高职院校图书馆读者服务平台是图书馆服务的延伸,旨在满足读者的移动阅读需求,帮助读者随时随地阅读。因此,公共性原则是首要原则,表现在平台的信息资源与服务可对外开放,既可提供给院校的全体读者,也可提供给社会读者。公共性原则的另一体现是可以提供免费的阅读、下载、参考咨询等移动阅读服务。

第二,均等性。均等性是指高职院校图书馆读者服务平台提供平等的移动服务,服务对象都有均等的机会及权利获取所需的资源及图书馆提供的各项移动阅读服务。基于移动阅读的高职院校图书馆读者服务平台的构建要注重与新生事物的结合,增强移动服务活力。

第三,共享性。移动图书馆服务体系的内在要求是共享性,未来移动图书馆发展的主流趋势将会是移动图书馆联盟。在构建基于移动阅读的高职院校图书馆读者服务平台的过程中,要注重图书馆的合作共享,即通过文献资源共享的形式来拓展服务功能,提高文献覆盖率,节约资源,降低运行成本。

第四,发展的创新性与协调性。构建基于移动阅读的高职院校图书馆读者服务平台,要注意合理规划与创新开发相结合,不断满足读者日益增长的移动阅读需求。基于移动阅读的高职院校图书馆读者服务平台的构建要注重创新,增强移动服务体系的活力,拓展移动服务面,大力发展开放的移动服务系统,最终朝移动学习、移动图书馆联盟转型。

### 3.基于移动阅读的高职院校图书馆读者服务平台的构建模式

基于移动阅读的高职院校图书馆读者服务平台要从主动服务模式、被动服务模式以及交互式服务模式全面构建,才能保证移动服务的全面开发。

主动服务模式是指图书馆通过主动了解和掌握用户需求,主动发布、推送、提供图书馆移动阅读服务。例如,将馆藏资源以及服务内容发布在公众信息平台、设置覆盖无线网络的阅览室、提供电子书借阅机等。

第一,信息推送服务。可以通过“一卡通”获取用户联系方式,并将相关信息读取到图书馆读者服务平台中,通过信息推送提醒的方式告知学生借阅预约与到期、新书推荐、读者服务活动推广等信息。

第二,私人订制服务。可以借助读者服务平台,推出每年度图书馆读者阅读对账单,使读者可以通过读者服务平台随时随地查阅,实现图书馆数据的私人订制服务。

第三,电子书借阅链接服务。图书馆读者服务平台要提供电子书阅读服务,方便读者查找、浏览、下载电子书,为学生提供便利的移动阅读服务。

第四,开设电子图书数据库。图书馆读者服务平台可以开设电子图书数据库,如年度经典阅读以及专业资源数据库,并为读者提供阅读和下载功能。

被动服务模式是图书馆读者服务平台的传统模式,当接收到用户的移动阅读需求时,可以通过对信息进行处理和整合,为用户提供移动阅读服务。例如,图书馆读者服务平台应保留读者留言、预约到馆图书通知、回复用户的书目查询结果、回复读者的参考咨询等传统功能,从而保证图书馆与用户最基本的联系与沟通。

交互式服务模式是指通过用户与图书馆互动,促进图书馆移动阅读服务的发展。交互式服务模式是基于移动阅读的读者服务平台的重点构建模式。

第一,链接微信公众号。图书馆服务读者平台必须实现与学院或图书馆微信公众号的对接,使读者可通过微信直接访问图书馆读者服务平台,进行书目查询等,也可以随时接收订阅的服务内容,包括图书馆推荐阅读书目、读者服务活动信息等。此外,读者可随时随地查看最新消息、公告信息、读者活动等,还可以通过回复关键字等方式查看图书馆历史消息。

第二,独立平台 App服务。独立平台App服务模式与微信公众号服务模式相类似,有助于实现图书馆与用户的互动。图书馆建设读者服务平台App,既有助于独立自主地开展图书馆移动阅读服务,也能提高图书馆的影响力与宣传力。用户注册、登录后可以享受读者服务平台提供的信息服务。

## 三、图书馆参与学徒制数字化平台建设的策略

在湖南省特色学徒制数字化平台建设过程中,图书馆的参与不仅能为平台提供丰富的教育资源,还能推动知识传播和技能传承的深度整合。图书馆在学徒制数字化平台建设过程中起到了不可或缺的作用。

### (一)科学定位与特色资源建设

#### 1.进行科学定位

图书馆参与学徒制数字化平台建设,首要任务是进行科学定位,即明确图书馆在平台上所扮演的角色、所承担的职责,以及希望实现的服务成果。图书馆应被视为一个知识资源中心、学习辅助中心和创新服务中心,通过整合高质量的资源、提供学习工具和服务,帮助学生获取知识、提升技能和创新实践。

#### 2.建设特色资源

图书馆应当探索并构建具备地域特色和行业独特性的数字化资源。可以尝试构建一个为区域产业经济服务的专业资源库,涵盖地域文化、行业标准、技术规范以及一些典型的案例研究。通过收集、整合、处理,将资料转变为可在线访问和使用的数字化资源,为学徒提供种类繁多的学习资料。图书馆可以借助网络平台进行线上服务,也可以利用移动终端开展线下服务。此外,图书馆应当重视资源的持续更新,以确保资源的及时性和精确度。

**3.构建并完善资源共享机制**

在推进学徒制数字化平台建设过程中，图书馆应当主动与图书情报部门、职业学院以及企业等建立资源共享的合作机制。通过整合高质量的资源、合作研发新的课程和实践训练项目，可以更高效地利用资源并提高服务品质。图书馆可借助“互联网+”技术开展个性化服务，为学生提供精准化的学习支持，从而更好地促进人才培养质量的提升。同时，图书馆可以运用云计算、大数据等先进的信息技术工具，搭建一个跨地域的资源共享平台，以实现资源的迅速流通和高效使用。

**4.制定特色信息资源库评价标准**

在推进学徒制数字化平台建设过程中，图书馆具备构建特色信息资源库的功能，对科学评价及筛选平台所需资源起到关键作用。

(1)制定评价标准的原则

第一，科学性原则。科学性原则是制定特色信息资源库评价标准的首要原则。评价标准要从实际出发，在对特色信息资源库进行调查研究的基础上，制定出能反映特色信息资源库发展水平，满足其需求的评价标准。

第二，独立性原则。特色信息资源库的评价标准不是单一的，而是一个体系。在评价标准体系中，要注意评价内容不能重复，每一个评价标准都要能独立地从某一方面反映特色信息资源库的建设情况及服务水平。

第三，可行性原则。制定评价标准，不能脱离实际，要从使用者的角度评价特色信息资源库的利用情况。制定评价标准的最终目的是科学认识特色信息资源库的利用水平，总结不足，有针对性地改进服务，提高特色信息资源库的使用效率，因此，评价标准一定要基于现实，具有可行性。

第四，可操作性原则。特色信息资源库的评价标准必须符合实际情况，具有较高的可操作性。也就是说，评价标准必须是一个量化的值，是可以进行计算、分析和统计的。

第五，全面性与重点性结合原则。评价标准要全面、系统地反映特色信息资源库运行的情况，在制定评价标准时，要把最能反映特色信息资源库利用情况的要素作为重点,做到全面与重点相结合。

(2)评价标准的制定

特色信息资源库的建设是一项长期、系统、复杂的项目,应定期对特色信息资源库进行评价,以确保特色信息资源库的建设质量。

第一,信息资源的专指度。专指度是指特色信息资源库中收集与储存的信息资源与专题的相关性程度。在评估特色信息资源库时,要判断其信息资源内容与专题的相关性程度,注意特色信息资源库中是否含有相关性较低或者根本无关的信息资源。

第二,收录覆盖面广度。特色信息资源库中的信息资源应该全面,不能遗漏重要的、有价值的特色信息资源。收录覆盖面广度是指特色信息资源库中收录信息的权威性和完整性。评估时,要科学判断特色信息资源种类是否齐全,收录年限是否包括了专题应该追溯的年限。

第三,内容的权威性。内容的权威性是指特色信息资源库所收录的信息资源来源是否合法、内容是否经过专业筛选、格式是否正确规范。建议邀请相关专家作为评估工作人员,或者以信息资源点击率判断信息资源的价值。

第四,特色性。构建特色信息资源库的目的是收集与利用特色信息资源,特色性是重要的评估标准。特色性是指特色信息资源库所收录的信息资源是否具有 专业特色,是否符合特色资源的实际情况。

第五,标准化。标准化是信息资源评估工作的发展趋势。标准化是指特色信息资源库所收录的信息要遵循国家、行业、专业规范,以更好地保证特色信息资源库的使用效果。

第六,特色信息资源总量。特色信息资源库中的信息资源数量应该达到一定的规模,否则无法成功构建特色信息资源库。评估时,要综合考察收录信息资源的具体数量。一般情况下,特色信息资源总量与特色信息资源库的价值成正比。

第七,特色信息资源质量。特色信息资源质量是特色信息资源库最重要的评价标准之一。在评估工作中,要重点关注特色信息资源质量,包括信息内容的真实性、完整性等。

第八，特色信息资源库的利用效果。构建特色信息资源库的目的是整合与利 用特色信息资源。评估特色信息资源库的利用效果，包括以下方面：一是特色信息资源库的访问次数；二是特色信息资源库的点击次数；三是特色信息资源库的检索次数；四是信息资源的下载数量；五是用户意见反馈。

## （二）技术支持与平台优化

### 1.引入先进的技术手段

图书馆应当主动融入云计算、大数据和人工智能等前沿技术，以增强学徒制数字化平台的技术基础。通过构建高效的服务器集群、研发智能学习管理系统以及数据分析工具等手段，为学徒创造一个更为便利和高效的学习环境。图书馆还应当借助数字资源丰富多样、信息传递快捷准确的优势，开展个性化服务。此外，图书馆要深化对新技术的探索，持续研究新技术在学徒制教育中的创新性应用。

### 2.优化平台功能与服务

图书馆应当持续改进其为学徒制数字化平台提供的各项功能和服务。图书馆可通过搭建云服务平台实现对不同类型的数字资源进行统一管理，并为学徒提供多种在线交流平台。应优化平台的用户交互界面、增强系统的稳健性与安全性，以及增加个性化的学习推荐工具等。为保证数字化平台能够发挥应有的作用，图书馆需加强对数字资源建设、在线课程开发以及在线培训模式的研究。此外，图书馆还要根据学徒的学习需求和反馈，适时地调整和完善平台的功能和服务，以确保平台能够满足学徒的多样化学习需求。

### 3.推动教学平台与教学方法的深度融合

图书馆应当积极参与学徒制教学流程中的每一个环节，推动教学平台与教学方法的深度整合。通过组织线上和线下的教育活动，进行教学研究和评估,可以更好地了解学徒的学习状况和需求变化。以此为基础,结合学校自身的特点,构建线上与线下相结合的多元化人才培养模式,引导学生提升自主学习能力。此外,图书馆还应深化与教师的交流和合作,共同研究和创新基于平台的教学策略和方法,以提升教学成果和学习品质。

## (三)人才培养与合作交流

### 1.深化与职业院校的合作

图书馆需要深化与职业院校的合作,推动学徒制数字化平台的建设和普及。通过合作进行教育研究和评价等,达到资源共享和优势互补。在此基础上,建立完善的校企合作培养体系,促进职业院校专业结构的优化升级,提升学生的就业竞争力,使学生更好地适应社会需求。此外,图书馆还应主动地参与职业院校的教育改革和人才培训活动,为职业院校提供强有力的支援和服务。

### 2.加强国际交流与合作

图书馆应当努力拓宽国际交流与合作的途径,积极从国外引入先进的职业教育观念和技术方法。通过参加各种国际学术会议和合作项目,可以更好地了解国际职业教育的最新发展和趋势。在此基础上,开展有针对性的培训或讲座,提升图书馆员的专业素质,提高图书馆员的读者服务水平。此外,图书馆还应深化与国外图书情报机构的交流与合作,共同推动职业教育数字化平台的建设和发展。

### 3.促进产、学、研的融合

图书馆应当参与学校与企业的合作,与学徒制相关企业形成紧密的合作伙伴关系,共同研发教育资源、组织相关的教育活动,并为学徒提供职业指导。图书馆要充分发挥自身优势,通过多种方式积极参与到校企深度融合中去,为培养具有综合职业能力的人才发挥重要作用。此外,图书馆应努力促进产、学、研的紧密结合,深化与各大高校和科研机构的交流与合作,引进前沿的教育观念和技术工具,促进学徒制数字化平台的持续创新和进步。

## 第三节 湖南省职业教育数字化发展建议

### 一、完善职业教育数字化发展规划

为进一步完善职业教育数字化发展规划，需要从多个维度出发，充分运用数字技术提高教育质量和效率。

#### （一）理解国际劳工标准的核心要素

国际劳工标准指的是由国际劳工组织（ILO）所制定的，涉及劳动权利、工作环境、职业培训等多个领域的国际标准和公约。国际劳工标准的目的是维护劳动者的基本权利，推动就业和社会保障，提升生产效率和工作品质。国际劳工标准特别重视培训质量、职业健康与安全以及劳动权益保护等。

**1.培训质量**

国际劳工标准明确指出，学徒培训必须满足特定的质量要求，包括培训内容的实际应用性、培训方法的科学合理性，并建立对培训成果的评价和反馈机制。

**2.职业健康与安全**

在培训阶段，学徒应当获得与正式员工一样的职业健康和安全保障，包括但不限于工作环境的安全、个人防护设备的配备以及职业健康的监管等。

**3.劳动权益保护**

学徒在工作中应当获得合适的薪酬、休息和休假等权益，并且应当受到法律的保护，以避免受到任何形式的歧视和虐待。

#### （二）完善数字化发展规划

**1.清晰地设定发展的目标和方向**

要明确湖南省特色学徒制数字化平台的发展目标和定位，即构建一个达到国际顶尖水平的职业教育数字化平台，以便为学徒提供高质量的培训服务，并为整个产业的持续发展提供强有力的人才支持。此外，平台应当确保学徒在培训阶段能够获得与国际劳工标准相一致的权利和保护。

**2.对平台建设的标准进行优化**

在制定职业教育数字化平台的建设标准时，应当参考国际劳工标准中关于培训质量、职业健康与安全、劳动权益保护等方面的规定，并结合实际情况进行调整和完善。平台建设标准包括平台的技术框架、数据的安全性、用户的使用体验以及资源的共享等，以确保平台建设既规范又科学。在建设标准的指导下，湖南省建立了包括数字资源库、数据存储中心、在线考试系统在内的职业教育数字化平台体系。

**3.加强资源的共享**

要深化与国内外职业教育机构、行业协会和企业的交流与合作，促进职业教育资源的共享。要构建一个由政府主导、行业组织参与的“政产学研用”协同的创新服务平台。通过构建职业教育数字化资源库、创建在线合作平台等多种手段，达到优质教育资源共同建设和共享的目标。要以信息化手段促进校企联合办学，推进“双师型”教师队伍培养，提高学生就业能力。此外，还要主动融入国际前沿的教育观念和技术工具，以增强平台在国际上的竞争优势和影响力。

**4.加强数据安全性和隐私保护**

在数字化时代，确保数据的安全性和保护隐私变得尤为关键。湖南省作为我国职业教育大省，拥有众多职业院校及企业，在湖南省特色学徒制数字化平台的建设过程中，数据安全和隐私保护应受到高度关注。为保证数字化平台运行的稳定性与高效性，可依托云计算技术构建基于云端的智慧学习系统。为确保平台数据的安全性与完整性，可采取数据加密、加强访问管理和进行安全审查等策略。此外，平台应当构建完善的隐私保护体系，确保学徒的个人隐私权得到尊重和维护。

#### 5.促进国际交流与合作

要积极促进国际交流与合作,通过参与国际职业教育论坛、成为国际职业教育组织的成员等途径,可以深入了解国际职业教育的最新进展和发展方向。要借鉴发达国家职业教育改革的经验,结合湖南省的实际情况,加快推进职业教育信息化建设步伐。此外,还要加强与国外职业教育机构的交流与合作,引进国外先进的职业教育理念和技术手段,以推动湖南省职业教育数字化平台向国际化方向发展。

### (三)实施路径与保障措施

#### 1.制定具体的执行方案

在制定职业教育数字化发展规划时,应当拟定具体的执行方案。为了确保规划目标得以实现,需要明确任务的时间节点、责任主体以及实施的具体措施。在此基础上,要构建一个项目管理与监控体系,确保对项目的执行过程进行持续的追踪和评价。

#### 2.加大政策支持力度

湖南省政府有责任制定相应的政策,为职业教育的数字化进程提供有力的政策指导和支持,包括增加财政支出、更好地分配资源以及完善相关法规。同时,鼓励社会各界参与到职业教育的数字化进程中。

#### 3.加大人才培训力度

通过建立专门的基金和建立实训基地等多种途径,积极培育一群具备创新思维和实际操作能力的高水平专业人士。要加大资金投入力度,建立完善的职业教育数字教学资源体系,加快推进信息化进程。同时,努力吸引国内外的优秀人才,让他们加入职业教育数字化建设中,以增强湖南省职业教育的整体实力。

#### 4.加大宣传和推广的力度

通过组织各种宣传活动和发布相关资料,增强社会各界对职业教育数字化的了解和重视。利用网络平台为职业院校提供优质的资源服务，并建立校企交流平台。同时，加强与媒体的合作，以提升平台的知名度和社会影响力。

#### 5. 努力推进数字教学资源建设

运用数字化技术，整合国内外高质量教学资源，包括课程设计、教学材料、实际案例和实训项目等，为学徒提供丰富多彩的学习材料。根据学生的实际情况设计多元化的考核方式，以适应不同阶段的需要。考虑到行业特点和职业需求，开发一系列具有特色的数字化教学资源，包括行业报告、技术文档和在线仿真实验等，以提高教学的针对性和实用性。

#### 6. 对评估和认证体系进行完善

为了对实施效果进行深入的评价，应制订科学的评价准则和指标框架。鼓励职业教育机构参与到国际认证和评估项目中，以增强湖南省职业教育在国际上的影响力。

## 二、增强职业教育国际化服务能力

湖南省在推动学徒制数字化平台的建设中，积极参与学徒制数字化培训的国际合作项目，以提升湖南省职业教育的国际化服务能力。

### （一）国际合作项目的重要性

#### 1. 推动教育资源的共享

国际合作项目可以突破地理界限，进一步推动全球高质量教育资源的共享。湖南省是我国中部重要的农业大省，拥有发展现代农业所需的大量高素质技能型人才。湖南省通过参与或领导国际学徒制数字化培训项目，有机会引入国外先进的职业教育观念、课程结构、教学策略和技术工具，从而提高湖南省职业教育的质量。

#### 2. 拓展人才培训的国际视野

国际合作项目为学生创造了更为丰富的学习途径和更为开阔的国际视

野。随着全球范围内对人才综合素质的要求越来越高,开展职业培训已经成为各国发展教育事业的重要手段之一。学徒通过参与跨国的教育和实践活动,可以更加深入地理解各个国家和地区在文化、经济和技术等方面的独特性,加强跨文化的交流和合作,为他们未来的就业和创业奠定坚实的基础。

**3.提高职业教育的国际影响力**

湖南省通过实施国际合作项目,有机会展示其在职业教育数字化方面的创新成就和实践经验,从而提高湖南省职业教育在国际上的知名度和影响力。此外,通过建立国际职业教育合作网络,可以促进职业教育的国际交流,使合作向更深入、更广泛的领域发展。

## (二)国际合作项目的实施策略

**1.清晰地设定合作的目标和方向**

在实施学徒制数字化培训的国际合作项目时,首要任务是明确合作的目标和方向,包括确定合作的具体领域(如智能制造、信息技术、现代服务业等)、合作的目标对象(如国际知名的职业学院、跨国公司、国际组织等)以及合作的具体内容(如联合培养、课程互认、学分转换、师资交流等)。

**2.精心挑选合作伙伴**

为了成功开展国际合作项目,选择适当的合作伙伴尤为关键。湖南省作为我国中部地区的经济大省和农业强省,大力发展职业教育尤为重要。湖南省应当深入研究国内外的职业教育市场,全面了解各种教育机构的办学能力、独特优势和合作意向,并从中筛选出一批与湖南省职业教育发展目标高度匹配、能够实现优势互补的合作伙伴。

**3.拟定详尽的合作方案**

在明确合作的目标和方向,并精心挑选合作伙伴后,应当拟定一份详尽的合作方案。其中,合作计划书是关键内容之一,必须从宏观层面对项目进行整体布局,以实现预期目标。要确定合作项目的详细名称、执行的时间和地点、参与的人员、预算经费、评估准则等关键因素，以确保合作项目能够按照预定计划顺利进行。

**4.加大对项目的管理和监控力度**

国际合作项目的实施牵涉众多的层面，对项目的管理和监控需要进一步加强。要构建一个完善的项目管理体系，明确各责任主体和任务分工，强化对项目进度的持续追踪和评价，以便及时识别并解决存在的问题，从而确保合作项目能够实现预定的效果。

### （三）国际合作项目的详细条款

**1.合作培育方案**

在国际合作项目中，联合培养项目占据重要地位。湖南省具有发展职业教育的比较优势，但还存在一些问题，如办学模式单一、师资力量不足等。湖南省可以与国际著名的职业教育机构合作，共同拟定人才培养策略和教学方案，以实现课程的相互认可和学分的转换。学生在校期间可获得国家职业资格证书或相关证书，毕业时可获取相应岗位工作资格。学徒在国内完成部分课程后，可以前往国外的合作学院进行实际训练和实习，体验不同的教学方法和文化环境，从而提高他们的综合素质和国际竞争力。

**2.共享课程和教学资源**

在国际合作项目中，课程和教学资源的共享被视为另一个核心议题。湖南省具有良好的教学资源优势和人才资源优势，可与全球合作伙伴携手，共同创建数字化的教学资源库和在线学习平台，以实现高质量课程资源的共享。为了提高湖南省职业教育的国际化程度，可以引入国外的先进教学内容和方法，建立完善的网络教学资源管理系统，提高信息化管理水平和质量。

**3.教师的交流和培训**

为了增强湖南省职业教育的国际化服务能力，教师的交流和培训尤为关键。可以安排教师前往海外合作学院进行学术访问、进修学习或参与教育和科研活动,以吸收国外先进的教育观念和技术方法。此外,还可以邀请国外的专家举办讲座、授课或进行实训指导,以促进教师之间的交流与合作。应采取多种方式吸引更多具有国际视野和专业背景的优秀教师来华任教,以提升师资队伍建设水平,提高教学质量。此外,还可以构建教师互访机制,以深化双方在教学和科研领域的合作关系。

#### 4.跨国实训和实习活动

对于学徒来说,跨国实训和实习是提高其国际竞争力的关键手段。可以与外国公司建立合作伙伴关系,为学徒提供跨国实训和实习的机会。湖南省高职院校应根据校企合作办学模式的要求,构建双主体、多形式、多渠道、多层次的校企合作人才培养机制,以培养出适应产业发展需求的高技能人才。学徒通过参与跨国公司的生产和技术研发活动,可以更深入地理解国际市场的需求和技术的发展方向,从而提高他们的专业技术水平和跨文化交流能力。

### (四)国际合作项目的保障措施

#### 1.提供政策支持和指导

湖南省政府有责任制定相应的政策文件,为学徒制数字化培训的国际合作项目提供必要的支持,包括增加财政支出、更好地分配资源以及完善相关的法规。在此基础上,政府还应积极制定有利于校企合作模式创新发展的政策法规,并建立与之相匹配的评价机制,以确保其顺利实施。同时,应积极推动社会各界参与到国际合作项目中。

#### 2.提供资金支持

为了确保国际合作项目的顺利进行,必须有足够的资金支持。目前,我国地方高校在资金筹集方面存在诸多问题。湖南省应当构建一个多样化的资金筹集体系,包括政府的资金拨款、企业的赞助以及社会各界的捐赠等。同时,还要加大对资金使用的监督和审查力度,确保资金的使用既合理又高效。

#### 3.人才团队建设

在国际合作项目中,人才扮演着至关重要的角色。应鼓励有条件的高校与海外企业联合办学或建立合作基地,加大对职业教育国际化人才的培养力度,培育拥有国际化视野和跨文化交流技巧的教育、研究和管理人才。同时,还要加大对当前教师的培训力度,以增强他们的专业能力和国际竞争力。

#### 4.构建国际交流与合作的平台

为了确保国际合作项目能够顺利进行并得到广泛推广,湖南省需要进一步强化国际交流与合作的平台建设,通过开展"走出去"战略行动、搭建"引进来"交流平台等途径,为湖南省经济结构调整提供技术支撑。应与国际职业教育组织建立合作关系、组织国际职业教育论坛以及举办各种展览活动,进一步完善职业教育政策体系,为推进湖南省职业教育国际化进程提供强有力的保障。同时,还应深化与国外职业学院、企业及社会团体的沟通与合作,以促进湖南省职业教育在国际层面上的交流和合作更为广泛和深入。

## 三、开展国际化人才培养

在全球化不断深化的背景下,建立和推广湖南省特色学徒制数字化平台,不仅能够提高湖南省职业教育的整体质量,还能在共建"一带一路"方面发挥显著作用。

### (一)共建"一带一路"的深远意义

#### 1.推动文化的互动和相互理解

共建"一带一路"不仅是经济合作的纽带,还是文化互动的重要链接。作为一种新型的人才培养模式,中国特色学徒制在推动我国经济社会发展中发挥了重要作用。利用中国特色学徒制培养具有国际视野的人才,不仅可以加强"一带一路"共建国家间的文化互动和理解,还能为未来的经济合作奠定坚实的人文基础。

**2.应对国际市场的需求**

随着“一带一路”不断深化,共建国家对高质量技术人才的需求逐渐上升。中国特色学徒制在提升学生专业技能、提高就业竞争力方面发挥了积极作用。培养具有国际视野和跨文化交流能力的人才,能够满足共建国家的市场需求,从而推动经济合作和发展。

**3.促进职业教育向国际化方向发展**

共建“一带一路”倡议为湖南省职业教育向国际化方向发展提供了广阔的发展空间。湖南省是我国最早开展现代远程教育的试点省份之一,具有丰富的职业教育资源,但还存在办学理念滞后、人才培养质量不高以及师资力量不足等问题。通过采纳与国际接轨的学徒制教育方式,能够吸引更多的国际学生,从而提高湖南省职业教育在国际上的知名度和影响力。此外,还能够将高质量的职业教育资源引入国际市场,从而推动湖南省职业教育走向国际化。同时,湖南省应利用现代信息技术手段开展校企合作,提高职业院校教师的技能水平,培养高素质、高技能人才。

**(二)国际化人才培养策略**

**1.加深产业与教育的结合**

湖南省高职院校在推进国际化办学过程中面临着专业设置滞后、师资队伍薄弱等问题,需要从课程开发、师资建设等方面进行改革。湖南省职业教育机构应当深化与“一带一路”共建国家企业和机构之间的合作,共同研发课程体系,并将国际标准、行业规范以及企业的实际需求整合到教学内容中,以确保所培养出的人才在国际市场上具有竞争力。

**2.加强教师团队建设**

在人才培育过程中,教师是开展教育最重要的主体。湖南省职业教育机构应当主动吸引具备国际视野和跨文化交流能力的外国教师,并加大对本地教师的培训力度，以提高他们的教学能力。除此之外，还可以借助国际交流和学术合作等途径，推动教师间的相互交流和学习，以共同提高国际教学质量。

#### 3.构建数字化教学平台

数字化教学平台为培养具有国际视野的人才提供了一种高效便捷的途径。目前，湖南省职业教育存在缺乏先进技术支撑、信息化程度不高以及教学资源分散等问题。湖南省应当充分发挥现代信息技术的优势，构建一个集成在线教学、实际操作训练和远程监控等多种功能的数字化平台，以实现教育资源的共享和远程教育的推广。借助数字化平台，学生能够跨越地理界限，获得来自世界各地的高质量教育资源。此外，数字化平台为学生提供了跨国实训和合作交流的机会，能够增强学生的国际竞争力。

### （三）针对共建“一带一路”倡议的实施方案

#### 1.建立海外实训基地

为了更有效地满足“一带一路”共建国家的经济增长需求，湖南省职业教育机构可以在海外建立实训基地或者培训中心。这些实训基地或者培训中心可以与当地的企业或机构合作，为当地的技术人才培训提供场地和技术援助。此外，还可以周期性地向海外派遣教师和技术专家，提供技术援助和培训，从而提高本地技术人员的专业技能。

#### 2.实施国际交流与合作项目

为了支持共建“一带一路”倡议，国际交流与合作尤为关键。湖南省职业教育机构应积极参与国际交流与合作项目，包括但不限于国际学术研讨会、教育展示和文化交流活动，以推动文化交流与融合。湖南省不仅可以利用当地资源为学生提供技能培训，还能通过举办各类活动提高学校知名度。此外，还可以与“一带一路”共建国家的职业教育机构建立合作伙伴关系，实施师生互访、课程互认和学分转换等合作项目。

**3.加强跨文化交流能力的培训**

具备跨文化交流能力是国际人才所必需的关键品质之一。湖南省职业教育机构应当重视语言教育和文化教育,以提高学生的跨文化交流能力。为了营造良好的语言学习氛围,可以组织英语角、国际文化节等活动。在课程设置上,可根据实际情况增加英语选修课数量。此外,还可以邀请外国的教师或专业人士来授课或举办讲座,以帮助学生更好地理解不同国家的文化。

湖南省需要积极面对所遇到的各种挑战,持续优化教育资源的分配,努力提高教育质量和国际竞争力。同时,要从政府政策扶持、企业参与培养、行业支持等方面进一步完善湖南省特色学徒制数字化平台建设。在所有相关方面的共同努力之下,湖南省特色学徒制数字化平台必将在共建"一带一路"倡议中扮演更为关键的角色。

# 参考文献

[1]吴学峰.职业教育现代学徒制的制度构建[M].北京:经济科学出版社,2020.

[2]陈俊兰.职业教育现代学徒制研究[M].长沙:湖南大学出版社,2014.

[3]赵有生,姜惠民.职业教育现代学徒制的实践探索[M].北京:高等教育出版社,2015.

[4]关晶.西方学徒制的历史演变及思考[M].上海:华东师范大学出版社,2010.

[5]石伟平,徐国庆.职业教育课程与教学改革[M].上海:华东师范大学出版社,2008.

[6]欧阳河.职业教育基本理论研究[M].北京:中国商务出版社,2009.

[7]尼古拉·尼葛洛庞蒂.数字化生存[M].胡泳,范海燕,译.海口:海南出版社,1996.

[8]刘康宁.高等职业教育外部质量保障体系建设研究[D].厦门:厦门大学,2019.

[9]段宇波.制度变迁的历史与逻辑——历史制度主义的视角[D].太原:山西大学,2016.

[10]李凯.长株潭特色学徒制智库联盟信息服务平台构建研究[J].区域治理,2024(25).

[11]焦晨东,黄巨臣.职业教育数字化转型的实践类型及其启示——来自美、德、澳三国的多案例研究[J].中国职业技术教育,2022(33).

[12]贺世宇,和震.面向未来工作的职业教育创新发展策略探究——基于国际劳工组织系列报告解析[J].比较教育研究,2020,42(3).

[13]王英哲.新《职业教育法》背景下职业院校中国特色学徒制的实践研究[J].决策与信息,2024(10).

[14]史新民,沈文明.现代学徒制多元育人体系的构建与实践——以常州信息职业技术学院为例[J].宁波职业技术学院学报,2024(05).

[15]余雅兰,刘晓萍.中国特色学徒制发展的动力反思与机制构建[J].中国职业技术教育,2024(19).

[16]魏伟,崔莉萍,李宁,等.技能型社会建设视野下中国特色学徒制形态的百年演进[J].邢台职业技术学院学报,2024(03).

[17]吴江华,孙军.基于现代学徒制的高职空中乘务专业人才培养探究[J].民航学报,2024(03).

[18]张磊,郭月兰.立足区域的中国特色学徒制质量体系:内涵特征、理论框架与实践探索[J].机械职业教育,2024(05).

[19]王瑞珍,布日格勒.开放大学基于现代学徒制的教学改革探究[J].山西青年,2024(08).

[20]管爱民.动漫制作技术专业现代学徒制人才培养模式的改革与创新[J].产业创新研究,2024(04).

[21]刘羽天,王涛,朱利光,等.基于现代学徒制下建筑装饰工程技术专业建设研究[J].中国建筑装饰装修,2024(04).

[22]高俊男,李思远,韩建强,等.高职宠物养护与驯导专业现代学徒制人才培养模式探讨——以玉溪农业职业技术学院为例[J].当代畜牧,2024(02).

[23]关晶.迈向高质量:中国特色学徒制的发展愿景与推进路径[J].教育发展研究,2022(Z1).

[24]牟群月,米高磊.新时代中国特色学徒制的实践样态及发展启示——基于首批22个国家现代学徒制试点典型案例的质性研究[J].中国职业技术教育,2022(15).

[25]赵鹏飞,赵琼梅,魏敢,等.现代学徒制智慧平台构建的理论与实践

[J].中国职业技术教育,2016(31).

[26]成军.职业教育专业教学资源库的功能定位及其实现路径[J].中国高教研究,2016(10).

[27]许慧,李宝琴,周莹,等.大数据背景下高校图书馆数字化资源共享研究[J].中国中医药图书情报杂志,2015(06).

[28]王良周,于卫红.大数据视角下的学习分析综述[J].中国远程教育,2015(03).

[29]陈志敏,谭平.职业教育数字化教学资源与产品建设的研究与实践[J].继续教育,2013(10).

[30]韩冰,顾京.浅析我国职业教育数字化教学资源建设的现状[J].教育理论与实践,2013(06).

[31]杨善林,罗贺,丁帅.基于云计算的多源信息服务系统研究综述[J].管理科学学报,2012(05).

[32]沈光宝.高校图书馆数字化建设中的著作权问题[J].现代情报,2007(11).

[33]成冬梅.基于SOA的高职数字化教育资源共享平台建设[J].产业与科技论坛,2016(08).

[34]丁桂芝.区域性职业教育共享资源建设的思考[J].高等职业教育(天津职业大学学报),2016(01).

[35]王红云,关弘利.信息技术在高等教育中的应用价值分析[J].软件工程师,2015(05).

[36]黄志成,王凤基.高职院校智慧校园与共享型教学资源体系建设模式研究[J].电脑开发与应用,2015(03).

[37]曹育红.职业教育数字化资源区域服务平台架构[J].中国现代教育装备,2014(13).

[38]舒成利,刘芳颖,赵晶旭,等.数字平台场域互动观的建构研究[J].华东经济管理,2024(04).

[39]朱德全,沈家乐.区域融通:职业本科教育中国式现代化的理性逻辑[J].江苏高教,2024(03).

[40]宗诚.以标准支撑数字职业教育发展:价值共识、现实困境与应对策略——基于全国18个省市的调研分析[J].职教论坛,2023(12).

[41]刘邦奇,胡健,袁婷婷,等.教育数字基座赋能数字化转型:内涵、框架及典型场景[J].开放教育研究,2023(06).

[42]邓小华,连智平.数字技术重构职业教育场景:理论基础、表征样态与行动路径[J].重庆高教研究,2024(01).

[43]焦豪.数字平台生态观:数字经济时代的管理理论新视角[J].中国工业经济,2023(07).

[44]许冬玲.都市圈高质量发展视域下长株潭智能制造人才培育创新创业联盟建设模式构建[J].时代人物,2022(34).

[45]许冬玲.高职院校图书馆读者服务的拓展与创新[J].信息化建设,2015(09).

[46]许冬玲.基于移动阅读的高职院图书馆读者服务平台模式构建[J].智库时代,2018(29).

[47]许冬玲.构建建设类高校图书馆特色信息资源库评价标准[J].中国管理信息化,2016(19).

[48]李鑫,王莉,吴常玲,等.中国特色学徒制数字化平台建设:价值、借鉴与实现——以德国、英国、澳大利亚和中国香港地区为例[J].中国成人教育,2023(13).

[49]解正山.约束数字守门人:超大型数字平台加重义务研究[J].比较法研究,2023(04).

[50]祝智庭,魏非,胡姣,等.开放教育数字化转型与融创发展:新议题、新思维、新行动[J].中国远程教育,2023(06).

[51]潘海生,张玉凤.扎实推动职业教育高质量发展,加快推进新时代教育强国建设[J].职业技术教育,2023(12).

[52]周冬梅，朱璇玮，陈雪琳，等.数字平台生态系统：概念基础、研究现状与未来展望[J].科学学研究，2024(02).

[53]朱德全，涂朝娟.职业本科教育数字化转型的健康新生态[J].中国电化教育，2023(01).

[54]杨成明.ILO视域下数字化转型赋能高质量学徒制建设的策略与挑战[J].职教通讯，2023(04).

图书在版编目（CIP）数据

湖南省特色学徒制数字化平台构建与推广研究 / 许冬玲，李凯著. -- 湘潭 : 湘潭大学出版社，2025. 3.
ISBN 978-7-5687-1723-6
Ⅰ. G719.2
中国国家版本馆 CIP 数据核字第 2025J8M034 号

**湖南省特色学徒制数字化平台构建与推广研究**

HUNANSHENG TESE XUETUZHI SHUZIHUA PINGTAI GOUJIAN YU TUIGUANG YANJIU

**许冬玲 李凯 著**

**策划编辑：** 罗　联
**责任编辑：** 罗　联
**封面设计：** 张博雅
**出版发行：** 湘潭大学出版社
**社　　址：** 湖南省湘潭大学工程训练大楼
**电　　话：** 0731-58298960 0731-58298966（传真）
**邮　　编：** 411105
**网　　址：** http://press.xtu.edu.cn/
**印　　刷：** 长沙印通印刷有限公司
**经　　销：** 湖南省新华书店
**开　　本：** 710 mm×1000 mm 1/16
**印　　张：** 13
**字　　数：** 206 千字
**版　　次：** 2025 年 3 月第 1 版
**印　　次：** 2025 年 3 月第 1 次印刷
**书　　号：** ISBN 978-7-5687-1723-6
**定　　价：** 68.00 元